DAILY
法学選書

デイリー法学選書編修委員会 [編]

事業
リスク
解消！

労働
安全衛生法
のしくみ

ROUDOUANZENEISEIHOU

三省堂

はじめに

　本書のテーマは労働安全衛生法です。労働安全衛生法は、職場において、労働者が安全や健康を確保できるような、快適な職場環境づくりをするために必要なルールを定めた法律です。

　職場には、有形無形のいろいろな危険が潜んでいます。たとえば、工事現場のような危険のともなう職場では、機械や有害物質などによる事故が発生することもあります。また、一般企業においても、精神的なストレスという目に見えない疾患により、社会生活を続けることが困難になってしまう人もいます。会社は、職場における安全性や労働者の健康に、十分に配慮しなければなりません。そこで、事業者・労働者ともに、労働安全衛生法や関連規則、ガイドラインについて、きちんと理解しておく必要があります。

　本書では、労働安全衛生法を中心に、基本事項や実務上最低限必要になる法律知識について、はじめの人でも読めるように平易に解説することを心がけました。産業医・産業保健機能の強化や面接指導など、2018年成立の働き方改革関連法の内容にも対応しています。

　第1章では、労働安全衛生法などの全体像や安全衛生管理体制などの基本事項について解説しています。第2章では、建設工事現場の安全管理や安全衛生教育について取り上げています。実際の現場において、どのような安全管理が必要となるかについて、具体例なども取り上げながら、基本的な知識を解説しています。第3章では、健康管理・メンタルヘルスについて取り上げています。健康診断やストレスチェック、労災保険の基本知識はもちろんのこと、傷病手当金や安全衛生で必要になる書式や寄宿舎についても網羅しています。

　本書を広く、皆様のお役に立てていただければ幸いです。

デイリー法学選書編修委員会

Contents

はじめに

第1章 労働安全衛生法の基本

1 労働安全衛生法とは　　10
2 労働安全衛生法上の事業者と労働者　　12
3 労働者への安全衛生教育　　16
4 事業場の区別基準　　18
5 安全配慮義務　　20
6 労働安全衛生法の違反と罰則　　24
7 安全衛生管理体制の構築　　26
8 総括安全衛生管理者　　28
9 安全管理者　　30
10 衛生管理者　　32
11 安全衛生推進者、衛生推進者　　34
12 作業主任者　　36
13 産業医　　38
14 安全委員会、衛生委員会、安全衛生委員会　　42
Column 偽装請負とその対策　　46

第2章　工事現場の安全管理

1	作業現場での安全衛生管理体制	48
2	安全衛生責任者、元方安全衛生管理者、店社安全衛生管理者	52
3	元方事業者	56
4	特定元方事業者	60
5	現場監督が講ずべき措置	62
6	注文者の講ずべき措置	64
7	JV（ジョイントベンチャー）	68
8	危険や健康被害を防止するための事業者の措置	70
9	建設業における救護措置	72
10	建設現場などにおける事業者の義務	74
11	騒音・振動の防止対策	76
12	酸素欠乏や粉じんに対する対策	80
13	石綿対策	82
14	有害物質に対する規制や対策	86
15	作業現場におけるリスクアセスメント	90
16	特定機械等の安全確保のための規制	92
17	建設工事で使用する機械等の安全確保措置	96
18	作業環境を確保するための措置	102

19	ずい道における危険防止措置	108
20	危険・有害な化学物質の取扱い	110
21	安全衛生教育を実施すべき場合	114
22	建設現場の安全衛生教育体制と就業制限	120

Q&A クレーン運転業務・移動式クレーン運転業務において免許取得や技能講習修了が必要になる場合について教えてください。　124

Q&A デリックや建設用リフトについて特別教育が必要になるのはどのような場合ですか。また、どのような内容の特別教育を行う必要がありますか。　126

Q&A 玉掛けの業務についての特別教育が、クレーンなどの運転業務に対する特別教育と別に行われるのはなぜですか。　127

Q&A 特別教育が必要になる小型ボイラーとはどのようなものを指しますか。また、小型ボイラーの取扱いにはどのような特別教育が必要ですか。　128

Q&A 特別教育が必要になる高気圧業務にはどのようなものがありますか。また、放射線業務の特別教育について教えてください。　129

Q&A 特別教育の対象になる酸素欠乏危険作業には、どのような種類がありますか。また、特別教育ではどのようなことをするのでしょうか。　130

Q&A 粉じん作業は人体にどのような影響を与えるのでしょうか。また、粉じん作業に必要な特別教育の内容について教えてください。　131

| Q&A | 石綿は、なぜ他の粉じんなどとは異なる取扱いがなされるのでしょうか。石綿を取り扱う業務に関する特別教育について教えてください。 | 132 |

| Q&A | 工事用エレベーターの作業者で安全教育を受けなければならないのは誰ですか。また、どのような内容の安全教育が必要ですか。 | 133 |

| Q&A | 振動工具取扱い作業者などに対する安全衛生教育にはどのような種類がありますか。 | 134 |

23 安全衛生改善計画　　136
24 労基署や厚労省への届出や審査が必要な場合　　138
Column　労働保険や社会保険への未加入が発覚した場合　　142

第3章　健康管理・メンタルヘルス

1 健康診断　　144
2 健康診断後にしなければならないこと　　148
3 特殊健康診断　　150
4 職場の環境づくり　　152
5 ストレスチェック　　156
6 労災保険の適用と特別加入　　160
7 業務災害と通勤災害　　164

| Q&A | 労働者が仕事中や通勤途中の災害で働くことができず、収入が得られない場合にはどうしたらよいのでしょうか。 | 168 |

8	労災保険の請求手続き	170

> **Q&A** 労災事故で死亡したときに遺族は葬祭給付を受けることができるということを聞きました。どのような給付が受けられるのでしょうか。健康保険上の埋葬費とは違うのでしょうか。　　174

9	傷病手当金	176
10	派遣労働者の安全衛生	178
11	寄宿舎をめぐる問題点	184
12	安全衛生に関する書式	188

第1章
労働安全衛生法の基本

1 労働安全衛生法とは

なぜ労働安全衛生法が必要なのか

　労働安全衛生法は、職場における労働者の安全と健康を確保し、快適な職場環境を形成することを目的として1972年に制定された法律です。

　安全衛生に関する規定については、当初は労働基準法の中に規定されていました。しかし、急速な産業の発展や技術の進歩により労働環境が大きく変化し、労働災害が多発するようになりました。そこで労働災害をはじめとする安全衛生の問題に素早く的確に対応するため、労働基準法から独立する形で労働安全衛生法が制定されました。

　労働安全衛生法は、労働基準法と互いに作用し合いながら、労働条件の中でも安全衛生に関する最低基準を規定しています。危害防止基準の確立、責任体制の明確化、自主的活動の促進などの措置を講じることにより、労働者の安全と健康を確保し、快適な職場環境を作ることを労働安全衛生法は目的としています。

　責任体制の明確化に関しては、労働災害を防止するための安全衛生管理体制の構築について、職場の安全と衛生を確保するために、事業場の業種や規模に応じ、責任者や担当者などの設置を義務づけています。具体的には、総括安全衛生管理者、安全管理者、衛生管理者、安全衛生推進者、産業医、安全委員会、衛生委員会、安全衛生委員会などの設置について詳細な規定が設けられています。

　危害防止基準の確立に関しては、労働者を危険から守り、業務による健康障害を防止するための措置について詳細に規定しています。たとえば、事業者に対し、設備や原材料などから生じる有害性や危険性の調査や管理を義務づけています。また、労働者の作業行動などから

● 労働安全衛生法

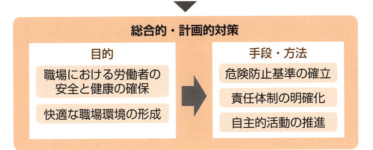

　生じる労働災害防止のため、安全衛生に関する必要な措置の実施も事業者に義務づけています。
　その他にも、労働安全衛生法では、機械類や有害物などの使用方法や製造過程に一定の規制を設ける規定、安全衛生教育の実施に関する規定、作業環境や作業時間の管理規定、健康診断に関する規定などを設けています。そして、労働安全衛生法の規定に違反した場合には、労働基準監督官などによる指導・監督の対象になる他、刑事裁判にかけられて懲役や罰金という罰則が科せられる場合もあります。
　労働安全衛生法は、義務の主体をおもに事業者とした法律です。しかし、安全で快適な職場は事業者の努力だけで成立するものではありません。労働者も労働災害を防止するために必要な事項を守り、事業者や関係者が実施する労働災害の防止に関する措置に協力するよう努めなければなりません。さらに、厚生労働大臣に対して、労働災害防止計画の提出を義務づける規定も置かれています。

2 労働安全衛生法上の事業者と労働者

事業者・労働者とは

事業者とは、事業を行う者で労働者を使用するものを意味し、事業の経営主体のことをいいます。たとえば株式会社や合同会社などの法人企業の場合は、法人自体が事業者となります。これに対し、個人事務所や個人商店などの個人企業の場合は、その事業を経営している事業主個人が事業者となります。

事業者以外であっても、建設業・造船業・製造業などの元方事業者や下請事業者（関係請負人）などのように、労働安全衛生法上の義務の主体とされる場合があります。元方事業者とは1つの場所で実施する事業内容の一部を下請事業者に請け負わせている事業者です。元方事業者の中でも建設業と造船業を行う事業者を特定元方事業者といいます。

労働安全衛生法では、事業の安全衛生に関する責任を明確にするため、おもな義務の主体を事業者と定め、事業者に対するさまざまな義務規定を設けています。

労働安全衛生法で保護の対象とされるのが**労働者**です。労働者とは、職業の種類を問わず事業に使用され、その対価として賃金の支払いを受ける者をいいます。正社員だけでなく、アルバイト・パート・派遣社員なども労働安全衛生法上の労働者とされます。これに対し、法人の代表者や取締役などの役員は、事業に使用されるという関係になく、労働者とされないため、労働安全衛生法が適用されないのが原則です。ただし、業務執行権を有する役員の指揮を受けて労働し、賃金を支払われている役員は、労働者とされる場合があります。

しかし、労働者とされる者であっても、①同居の親族のみを使用す

● **事業者と労働者**

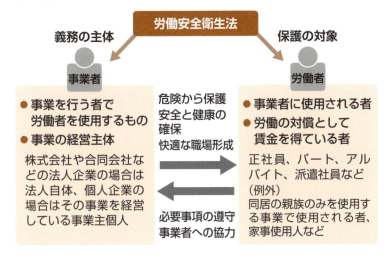

る事業で使用される者、②家事使用人、③船員、④国家公務員に対しては、労働安全衛生法の適用を除外することが規定されています。

　国家公務員については、国家公務員法などが安全衛生に関する規定を置いており、その規定によって安全衛生管理体制が整備されています。これに対し、地方公務員については、原則として労働安全衛生法が適用されますが、地方公務員法の規定によって、一部の規定の適用が除外されるなどの例外があります。

事業者の義務と責任

　事業者は、労働安全衛生法が規定する労働災害防止のための最低基準を守らなければなりません。快適な職場環境を実現し、労働条件を改善して、労働者の安全と健康を確保することや、国の実施する労働災害防止に関する施策に協力することも事業者の義務です。

　事業者には、安全衛生管理体制を確立する義務があります。この義務を果たすため、事業場の業種や規模ごとに、職場の安全衛生を管理する責任者や担当者を選任しなければなりません。具体的には、総括

安全衛生管理者、安全管理者、衛生管理者、産業医、安全衛生推進者、衛生推進者、作業主任者などを設置します。事業者は、これらの責任者や担当者に対し、職場の安全衛生に関する事項について管理・監督させる義務があります。さらに、一定の業種や一定の規模の事業場には、事業者と労働者で組織される安全委員会、衛生委員会などを設置することも義務づけています。

労働安全衛生法は、労働者の危険や健康障害を防止し、労働災害の発生を未然に防ぐために事業者が講じるべき必要な措置を詳細に規定しています。具体的には、機械等（機械・器具その他の設備）や爆発物などの危険防止のための措置、掘削・伐木などの労働者の作業方法から生じる危険防止のための措置、労働者の作業場所から生じる危険防止のための措置、ガス・放射線・温度などによる労働者の健康障害防止のための措置などが規定されています。その他の危険防止に関する措置として、保護具や安全装置の設置や点検、無資格者による就労禁止（就労制限）、一定の危険物や有害物に関する製造・使用の禁止や、それらの内容表示などが事業者に義務づけられています。

さらに、機械等や危険物・有害物から生じる危険防止の措置をとるだけでなく、実際に作業を行う労働者に対する必要な教育（安全衛生教育）についての規定も設けられています。労働者の就業に際して、事業者は、その労働者に安全衛生教育をする義務があります。具体的には、労働者を新たに雇い入れた場合、労働者の作業内容を変更した場合、危険性や有害性のある業務へ労働者を配置させる場合に、事業者がその業務に関する安全衛生教育を実施する義務を負います。その他には、作業中の労働者を直接指揮監督する労働者への安全衛生教育を義務づけることや、現に危険有害業務に従事している労働者への安全衛生教育に努めることなどが規定されています。

労働者に対する安全衛生教育以外にも、事業者は、労働者に生じる危険や健康障害を防止し、労働者の心身の健康を保持するため、作業

環境測定や健康診断などの実施も義務づけられています。作業環境測定とは、有害な業務を行う屋内作業場における空気環境や作業環境に関する測定と記録をすることです。労働者の健康診断は、雇入れ時に加えて、雇入れ後も定期に実施しなければなりません。

とくに健康診断は、危険物・有害物による健康障害やストレスによるメンタルヘルス不調などを早期に発見し、労働者の健康状態を把握するために実施義務が課せられています。健康診断の結果は、担当業務が労働者にとって適正か、配置替えは必要か、などを事業者が判断するためにも必要とされます。そのため、健康診断の記録の保存、労働者本人への結果の通知、医師の意見聴取など、必要な措置の実施も事業者に義務づけられています。さらに、2015年12月以降は、一定規模の事業場において、医師によるストレスチェックの実施と、その結果に応じた必要な措置を講じることが義務づけられています。

そして、労働安全衛生法に違反すると、懲役や罰金といった罰則が科せられる場合があります。このとき、違反した行為者に罰則が科せられるだけでなく、行為者の所属する事業者である法人（または個人事業主）にも罰金が科せられます。これを両罰規定といいます。

労働者の義務と責任

労働者は、労働災害を防止するために必要な事項を守り、事業者が実施する労働災害の防止に関する危険防止措置に協力しなければなりません。職場の健康診断については労働者の受診が義務づけられています（罰則はありません）。事業者が安全対策を十分に実施していても、現場で機械等や有害物・危険物などを扱う労働者が安全配慮を怠れば、ケガや病気、事故などを引き起こす場合もあります。安全で快適な職場を作っていくためには、労働者も事業者に協力し、安全に対する責任を果たしていくことが大切です。

3 労働者への安全衛生教育

安全衛生教育とは

　労働災害防止のために労働者に行う安全または衛生に関する教育を**安全衛生教育**といいます。労働者の健康に関わる危険・有害な作業場所または作業で使用する設備などが原因で、労働災害が発生することを未然に防ぐために実施します。安全衛生教育を行う目的には、労働者の知識や技能の不足を補うとともに、日々進歩する、最新の技術や機械などの導入にともなう作業に生じる変化への適切な対応を可能にすることが挙げられます。事業者には、労働者に対する安全衛生教育の実施が義務づけられています。安全衛生教育については、正社員だけでなく、アルバイト・パート・派遣社員などに対しても、対象者に該当する場合は実施しなければなりません。

　労働者に対する実施義務のある安全衛生教育は、新たに雇い入れた場合の雇入れ時の教育、作業内容を変更した場合の作業内容変更時の教育、危険有害業務に配置する場合の特別教育、現場の指揮監督者などの職長等につくことになった場合の職長等教育です。

　これに対し、労働者への実施が努力義務（実施しなかったとしても違法とはならない義務）である安全衛生教育は、労働災害防止に関する業務を担当する者に対する能力向上教育や、現在危険有害業務に従事している労働者に対する安全衛生教育です。

特別教育と運転免許・技能講習修了との違い

　安全衛生教育のうち**特別教育**は、有害物質を取り扱う業務や、坑内など危険な場所での業務に労働者を配置する場合に実施します。主として小型の工事車両や危険性の高くない機械などの運転・操作・取

● 安全衛生教育

安全衛生教育（義務）	
雇入れ時の教育	省令に定められた項目の教育
作業内容変更時の教育	雇入れ時に準拠して行う教育
特別教育	危険有害業務に配置する労働者に対する特別な教育
職長等教育	職長等になる労働者に対する教育
安全衛生教育（努力義務）	
能力向上教育	労働災害防止に関する業務を担当する者への教育
危険有害業務従事者への安全衛生教育	現在危険有害な業務に従事している労働者への教育

扱いに関して実施されます。しかし、大型の工事車両や危険性の高い機械などの運転・操作・取扱いについては、特別教育よりも長時間の講習などを必要とする免許取得もしくは技能講習修了が求められます。たとえば、重量3ｔ未満のブルドーザーは特別教育によって運転可能ですが、重量3ｔ以上のブルドーザーの運転は技能講習修了が必要です。

なお、特別教育や職長等教育は、一定の免許取得や技能講習修了などの要件に該当すると、全部または一部が免除される場合がありますが、雇入れ時の教育や作業内容変更時の教育は、そのような免除はなく、該当するすべての労働者に対して実施しなければなりません。

安全衛生教育を行う担当者

安全衛生教育の実施は事業者の義務（または努力義務）ですが、実際には安全管理者や衛生管理者が担当します。安全管理者は、一定の業種において、常時50名以上の労働者を使用する事業場で選任義務があります。衛生管理者は、業種を問わず、常時50名以上の労働者を使用する事業場で選任義務があります。その他、安全衛生教育に関連する法人などが主催する講習に参加する場合もあります。

4 事業場の区別基準

事業場とは

　労働安全衛生法は、業種や規模などに応じて事業場ごとに適用されます。**事業場**とは、工場や事務所などのように同じ場所において組織的にまとまった事業が行われる場所をいいます。原則として同じ場所にあるものは１つの事業場とし、場所が離れている場合には別の事業場とみなされます。たとえば、本社が東京にあり、工場が大阪と名古屋にある場合は、３つの事業場があることになります。

　ただし、同じ場所にあっても、業務内容が著しく異なる部門が存在する場合には、その部門を別の事業場として扱うこともあります。たとえば、工場内にある診療所、自動車販売会社に付属している自動車整備工場、学校内にある給食センターなどは、それぞれ工場、自動車販売会社、学校とは別の事業場として扱われます。

　反対に、場所が離れていても、出張所や小規模売店などのように、業務規模が小さく１つの事業場として独立していると認められない場合には、上位機構と同じ事業場として扱います。たとえば、駅構内の売店は小規模なので、各店舗をそれぞれ１つの事業場として扱うのではなく、本社などとまとめて１つの事業場として扱います。

　このように、事業場の判断については、営業所や支店などの名称による判断ではなく、作業場所で実際に行われている業務内容や規模、組織的な関連性などによって判断されます。

業種の区分

　労働安全衛生法では、業種に応じて異なる安全衛生管理の規定が設けられています。**業種**とは製品で種別されたものをいいます。

● 事業場の区別

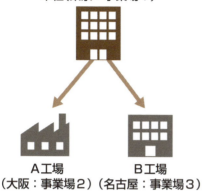

> （原則）　同じ場所にあるものは1つの事業場
> （例外1）　同じ場所にある場合
> 　　　著しく働き方が異なる場合は、それぞれ別の事業場となる
> （例外2）　離れた場所にある場合
> 　　　小規模で独立性がないものは、上位機構と同じ事業場となる

　労働安全衛生法施行令（労働安全衛生法の規定にもとづく政令）は、業種を以下の3つに区分しています。
① 　林業、鉱業、建設業、運送業、清掃業
② 　製造業（物の加工業を含む）、電気業、ガス業、熱供給業、水道業、通信業、各種商品卸売業、家具・建具・什器等卸売業、各種商品小売業、家具・建具・什器小売業、燃料小売業、旅館業、ゴルフ場業、自動車整備業、機械修理業
③ 　その他の業種

　業種は事業場で行われる業態によって個々に定められ、1つの事業場の業種は1つに決まります。たとえば、建設会社の場合、建設現場の業種は建設業に区分されますが、人事や経理などをおもに扱う本社は、業態から見て建設業ではなくその他の業種に区分されます。

5 安全配慮義務

安全配慮義務とは

　安全配慮義務とは、労働者がその生命や身体などの安全を確保して労働できるよう、事業者（使用者）が配慮すべき義務のことです。

　労働契約法の制定前は、安全配慮義務に関する法律の規定はありませんでした。しかし、裁判所による判決の積み重ねによって、事業者の労働者に対する安全配慮義務が確立されていきました。労働者は事業者の指定した場所に配置され、事業者から供給される設備などを用いて業務を遂行する点から、事業者は、労働者を危険から保護するための安全配慮義務を負っていると考えられるようになりました。

　そこで、2007年の労働契約法の制定時に、「使用者は、労働契約に伴い、労働者がその生命、身体等の安全を確保しつつ労働することができるよう、必要な配慮をするものとする」という条文を設けて、事業者が安全配慮義務を負うことを法律で明確にしました。

　現在では、安全配慮義務は、労働者（またはその遺族）が事業者に対し、業務の遂行にともない生じたケガや死亡などについて損害賠償請求をする際、法律上の根拠として利用できます。安全配慮義務という法律上の義務を負う事業者は、労働者が起こした損害賠償請求訴訟に対し、原則として、自らに帰責事由（落ち度）がないことを証明しなければ、損害賠償責任を免れることができないとされています。

労働安全衛生法における安全配慮義務

　労働安全衛生法（および労働安全衛生規則などの省令）においても、安全配慮義務として事業者が行うべき内容が示されています。

　たとえば、事業者は、健康診断の結果にもとづく事後措置として、

● **安全配慮義務**

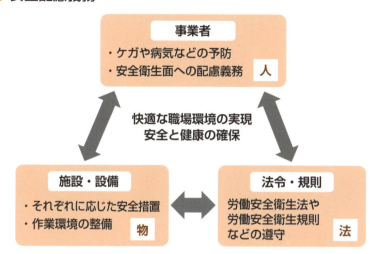

　異常の所見（病気やケガ）がある労働者に対し、労働時間の短縮、作業の転換などの措置を講じる義務を負います。このような健康診断と健康診断の結果にもとづく事後措置の実施は、事業者の安全配慮義務として位置づけることができます。

　また、労働安全衛生規則では「安全基準」として、機械の操作、危険場所での作業、危険有害物質の取扱いなどについて、それぞれに応じた安全措置を詳細に規定しています。これも事業者の安全配慮義務として位置づけることができます。

　その他、労働者の心の健康対策も安全配慮義務に含まれると考えられています。たとえば、労働者が心の健康を害することが予測可能であったにもかかわらず、事業者が必要な措置をとらなかった場合には、安全配慮義務違反とされることがあります。

どのような場合に問題になるのか

　製造業における工場や建設業における建築現場などのように、危険をともなう業務を行う事業場の場合には、作業中の事故による安全配

慮義務違反は当然に発生が予測される問題です。しかし、安全配慮義務の違反については、危険な作業をともなう業種についてだけでなく、さまざまな場面において問題となります。

　たとえば、①作業施設や機械等の安全対策が必要な場所において点検や作業環境の改善などの安全対策を行わなかった場合、②労働者に対する健康診断を行わなかった場合、③過重労働が行われていることを知りながら必要な対策をとらなかった場合などがあります。セクハラやパワハラのようなハラスメントや、過労死や過労自殺が発生した場合についても、安全配慮義務違反が問われる場合があります。

損害賠償責任が認められた判例もある

　安全配慮義務違反が認められた裁判例も多く存在します。製造業における安全配慮義務違反については、石綿（アスベスト）による事故に関する裁判例が数多くあります。石綿セメント管メーカーの工場に勤務していた労働者が石綿を吸い込み、後に悪性中皮腫を患い死亡した事故において、会社が工場においてじん肺防止対策などの必要な措置をとっていなかった点につき、安全配慮義務違反があると判断されました。また、宿直勤務中の労働者が外部からの侵入者により殺傷された事件においては、会社が侵入者防止のための物的設備を施す措置や人員を増やすなどの措置をとらなかった点について、安全配慮義務違反が認められました。

　その他、恒常的な長時間労働をともなう業務に従事していた労働者が、うつ病にかかり過労死（過労自殺）した事件においては、会社が労働者の心身の健康に配慮し、業務の負担を軽減するなどの適切な措置をとらなかった点について、安全配慮義務違反が認められました。

　このように、事業者の安全配慮義務違反により労働災害が発生したときは、債務不履行責任（労働者に対する義務違反による責任）、不法行為責任（生命や身体などの侵害に対する責任）、使用者責任（使

用者として負う不法行為責任）などを根拠に、多額の損害賠償を命じられる場合があります。

安全配慮義務は、労働災害を未然に防ぐための措置を講じて労働者を危険から保護する義務であり、**事業者の予防責任**といえます。そのため、労働災害が発生したときに、事業者が事前に適正な防止手段を尽くしていたと認められる場合には、安全配慮義務の違反にもとづく損害賠償責任を免れることがあります。

事業者はどんな措置をとらなければならないのか

事業者は、労働者が健康で安全に働くことができる快適な職場環境を形成するために、必要な措置を講じることが求められています。

労働者が1名でもいる事業場の事業者には安全配慮義務があります。機械等の点検や整備、安全装置の点検や設置、健康診断の実施など、さまざまな措置をとらなければなりません。

最近では、過重労働やパワハラなどによる脳疾患、心臓疾患、精神疾患などの発症による安全配慮義務違反が問題とされています。事業者が労働時間を適正に管理し、業務の軽減や残業の削減を実施することが、労働者の心身の健康に対する配慮と考えられます。産業医による相談窓口の設置なども安全配慮の一環となります。労働者に対する安全衛生教育の実施なども必要な安全配慮となります。

さらに、労働安全衛生法では事業者に対し、中高年齢者（おおむね50歳以上）の就業について適正な配慮をするよう規定しています。少子高齢化による労働人口の減少により、近年では中高年齢の労働者が増加しています。事業者は中高年齢の労働者について、加齢による心身機能の低下、新しい技術や機械設備への対応方法、事業場内の若年労働者との意思疎通のあり方などに関し、適正な配慮をするように努めなければなりません。人員配置についても、中高年齢の労働者の心身の条件を考慮して実施するように努めなければなりません。

6 労働安全衛生法の違反と罰則

違反行為には罰則がある

　労働安全衛生法が事業者に義務づけているさまざまな事項は、労働者の安全衛生を確保するため、事業者が講じるべき措置などです。そのため、ほとんどの違反行為に対して罰則が規定されています。

　罰則規定が置かれていない事項であっても、事業者は、労働安全衛生法の規定を遵守しなければなりません。たとえば、ストレスチェックの実施義務がある常時50名以上の労働者を使用する事業場において、ストレスチェックを実施しないことに対する罰則は存在しませんが、ストレスチェックの実施状況の報告義務を怠ったことに対する罰則（50万円以下の罰金）は存在します。ストレスチェックを実施しないことを労働基準監督署に報告しても罰則は科せられませんが、是正勧告（法令違反の解消を求める行政指導）の対象になりますから、実施義務がある事業場ではストレスチェックを実施すべきだといえるでしょう。

罰則の種類

　ここでは、労働安全衛生法が規定する罰則について、懲役がある重い罰則を中心に見ていきましょう。おもに違反行為があると労働者の生命・身体に直接的な影響を与えるものが懲役の対象になります。

　ただし、労働安全衛生法違反に対する罰則の多くは、「50万円以下の罰金」「6か月以下の懲役もしくは50万円以下の罰金」と比較的軽くなっています（⇨P.25図参照）。

① 特定機関における贈収賄に関する罰則

　特定業務とは、危険な作業などで使用する機械等の検査や検定を行う業務のことで、この特定業務に従事する検査機関や検定機関のこと

● 罰則とおもな対象行為

おもな罰則	対象行為の例
50万円以下の罰金	必要な安全管理者や衛生管理者などの不選任 健康診断を実施しない 雇入れ時の安全衛生教育を実施しない
6か月以下の懲役・ 50万円以下の罰金	特定機械等について製造時検査を受けていない 必要な作業主任者の不選任
1年以下の懲役・ 100万円以下の罰金	特定機械等の無許可製造 一定の有害な化学物質の無許可製造
3年以下の懲役・ 300万円以下の罰金	労働者に重度の健康障害を生ずる物(製造等が原則禁止されている物)の製造等

を特定機関といいます。特定機関の役員や職員が、職務に関して賄賂の収受・要求・約束をした場合は、5年以下の懲役に処せられ、賄賂の収受・要求・約束によって不正行為をするか相当行為をしなかった場合は、7年以下の懲役に処せられます。賄賂により検査や検定に不正があると、欠陥のある機械等を使用した労働者の生命・身体を危険にさらすので、重い罰則が設けられています。

　この犯罪に関しては、賄賂の収受・要求・約束をした役員や職員だけでなく、賄賂の供与などをした者も、3年以下の懲役もしくは250万円以下の罰金に処せられるのが特徴的です。

② 特定機械等や危険・有害物などに関する罰則

　ボイラーやクレーンなど、製造に許可が必要な特定機械等を、許可を得ずに製造した場合は、1年以下の懲役もしくは100万円以下の罰金に処せられます。また、黄りんマッチやベンジジンなど、製造等（製造・輸入・譲渡・提供・使用）が原則禁止されていて労働者に重度の健康障害を生ずる物を、原則禁止に反して製造等した場合は、3年以下の懲役もしくは300万円以下の罰金に処せられます。

　いずれも無許可のまま労働者が使用すると、その生命・身体に危険が及ぶことから、重い罰則が設けられています。

7 安全衛生管理体制の構築

安全衛生管理措置とは

　労働安全衛生法では、労働災害を未然に防ぎ、労働者が安全で快適な環境で作業するために、**安全衛生管理体制**の構築に関する規定を設けています。とくに作業現場の労働環境は、技術の進歩や大規模工事の増加などにともない、常に変化しています。労働災害の防止に関する専門的な情報を事業場に提供するとともに、労働者の指導や監督ができる責任者や担当者が必要です。

　事業者は、事業場の業種や規模に応じ、安全衛生に関する有資格者などを選任し、役割や責任の所在を明確にしておくことが義務づけられています。職場の安全と衛生を確保するため、安全衛生管理体制を構築し、正しく運営していくことが求められます。

どのような責任者や担当者などを設置すべきか

　労働安全衛生法は、事業場の業種や規模に応じ、安全衛生管理体制を構築するための責任者や担当者などの配置を事業者に義務づけています。配置すべき責任者や担当者などとして、総括安全衛生管理者、安全管理者、衛生管理者、安全衛生推進者、衛生推進者、作業主任者、産業医、安全委員会、衛生委員会などがあります。

　総括安全衛生管理者は、安全管理者と衛生管理者を指揮する安全衛生管理の最高責任者です。安全管理者は、事業場の安全に関する事項を管理する有資格者です。建物・設備・作業方法などの安全確認や、危険発生時の応急処置、安全教育などを行います。衛生管理者は、職場環境の改善や健康管理などの衛生面を管理する有資格者です。安全衛生推進者は、小規模の事業場で労働者の安全や健康確保などに関連

● 安全衛生管理体制

常時使用する労働者数		業種区分		
		林業、鉱業、建設業、運送業、清掃業	製造業（物の加工業を含む）、電気業、ガス業、熱供給業、水道業、通信業、所定の卸売業、所定の小売業、旅館業、ゴルフ場業、自動車整備業、機械修理業	その他の業種
		設置すべき責任者や担当者		
	1000人以上	総括安全衛生管理者、衛生管理者、安全管理者、産業医	総括安全衛生管理者、衛生管理者、安全管理者、産業医	総括安全衛生管理者、衛生管理者、産業医
	300～999人			衛生管理者、産業医
	100～299人		衛生管理者、安全管理者、産業医	
	50～99人	衛生管理者、安全管理者、産業医		
	10～99人	安全衛生推進者	安全衛生推進者	衛生推進者

- **安全委員会**
  林業、鉱業、建設業などの場合は常時使用する労働者数が50人以上の事業場に設置
  旅館業、運送業、燃料小売業などの場合は常時使用する労働者数が100人以上の事業場に設置
- **衛生委員会**
  業種を問わず常時使用する労働者数が50人以上の事業場に設置

する業務を担当します。作業主任者は、機械等や安全装置の点検や、器具や工具の使用状況の監視など、作業場の労働災害防止のための管理を行います。産業医は、労働者の健康管理を行う医師です。

　以上に対し、安全委員会・衛生委員会は、労働者と使用者の双方から構成される組織体です。労働災害の原因や再発防止対策などを調査審議し、労働災害防止につなげることを目的としています。

8 総括安全衛生管理者

総括安全衛生管理者とは

　総括安全衛生管理者とは、一定の規模以上の事業場において、安全衛生に関する業務を統括管理する者をいいます。安全管理者、衛生管理者を指揮するとともに、労働者の危険または健康障害を防止するために必要な措置を実施する安全衛生管理の最高責任者です。

　総括安全衛生管理者が職務を怠ると、その分だけ労働者が労働災害に見舞われる危険性が高まります。そのため、総括安全衛生管理者が職務を適切に行わない場合などは、都道府県労働局長が、その総括安全衛生管理者の業務の執行について事業者に勧告することができます。

どのように選任されるのか

　総括安全衛生管理者は、事業場において事業を実質的に統括管理する権限と責任がある者の中から選任します。たとえば、工場における工場長や作業所長などが総括安全衛生管理者となります。総括安全衛生管理者については、学歴・資格・経験などの要件はありません。

　事業者は、常時使用する労働者が1,000人以上の事業場で、総括安全衛生管理者を選任しなければなりません。ただし、林業、鉱業、建設業、運送業、清掃業の事業場では、常時使用する労働者が100人以上の場合に、製造業（物の加工業を含む）、電気業、ガス業などの事業場では、常時使用する労働者が300人以上の場合に、それぞれ総括安全衛生管理者の選任義務が生じます。

　事業者は、選任すべき事由が発生した日から14日以内に、総括安全衛生管理者を選任しなければなりません。選任後は、所轄労働基準監督署長に選任報告書を提出することも必要です。総括安全衛生管理

● **総括安全衛生管理者**

総括安全衛生管理者を選任すべき業種と規模	常時使用する労働者数
林業、鉱業、建設業、運送業、清掃業	100人以上
製造業（物の加工業を含む）、電気業、ガス業、熱供給業、水道業、通信業、各種商品卸売業、家具・建具・什器等卸売業、各種商品小売業、家具・建具・什器小売業、燃料小売業、旅館業、ゴルフ場業、自動車整備業、機械修理業	300人以上
その他の業種	1000人以上

事業場において、その事業を統括管理する者（工場長など）から選任しなければならないが、学歴、資格、経験などはとくに必要としない。

者の選任義務があるのに、これを選任しなかった場合は、50万円以下の罰金が科せられる可能性があります。

どのような業務を統括管理するのか

　総括安全衛生管理者は、安全管理者や衛生管理者などを指揮するとともに、事業場における安全衛生に関する業務を統括管理します。具体的には、以下の措置に関するものを含めて、労働災害防止のために必要な業務を統括管理します。

① 　労働者の危険または健康障害防止のための措置
② 　労働者に対する安全衛生教育の実施
③ 　健康診断の実施その他健康の保持増進のための措置
④ 　労働災害の原因調査と再発防止対策
⑤ 　安全衛生に関する方針の表明
⑥ 　設備、原材料、労働者の作業行動、化学物質などから生じる危険性または有害性の調査とその結果にもとづく必要な措置
⑦ 　安全衛生計画の作成、実施、評価、改善

9 安全管理者

安全管理者とは

　安全管理者とは、安全衛生業務のうち事業場の安全に関わる事項を管理する者のことです。安全管理者は、以下の①～③のどれかにあてはまる有資格者の中から選任しなければなりません。
① 　大学または高専の理科系課程を卒業後2年以上（高校などの理科系課程を卒業した場合は卒業後4年以上）、産業安全に関する実務を経験した者で、厚生労働大臣の定める研修を修了した者
② 　労働安全コンサルタント
③ 　その他厚生労働大臣が指定する者

安全管理者の選任義務のある事業場とは

　製造業、林業、建設業、運送業などの業種のうち、常時使用する労働者数が50人以上の事業場では、安全管理者の選任が義務づけられています。安全管理者は1人以上でかまいません。事業者は、選任すべき事由が発生した日から14日以内に安全管理者を選任し、所轄労働基準監督署長に報告書を提出しなければなりません。

　なお、常時使用する労働者数が300人以上である建設業、有機化学工業製品製造業、石油製品製造業の事業場など、一定の業種や規模の事業場では、安全管理者のうちの1人を専任（もっぱら安全管理を行う者）の安全管理者としなければなりません。

どのような業務を行うのか

　安全管理者の業務は、安全に関する技術的事項を管理することで、総括安全衛生管理者が選任されている事業場では、その指揮の下で業

● 安全管理者

安全管理者を選任すべき業種	常時使用する労働者数
林業、鉱業、建設業、運送業、清掃業、製造業（物の加工業を含む）、電気業、ガス業、熱供給業、水道業、通信業、各種商品卸売業、家具・建具・什器等卸売業、各種商品小売業、家具・建具・什器小売業、燃料小売業、旅館業、ゴルフ場業、自動車整備業、機械修理業	50人以上

	安全管理者の1人以上を専任の安全管理者とすべき業種	常時使用する労働者数
1	建設業、有機化学工業製品製造業、石油製品製造業	300人以上
2	無機化学工業製品製造業、化学肥料製造業、道路貨物運送業、港湾運送業	500人以上
3	紙・パルプ製造業、鉄鋼業、造船業	1000人以上
4	上記1から3以外の業種（ただし、過去3年間の労働災害による休業1日以上の死傷者数の合計が100人を超える事業場に限る）	2000人以上

務を行います。具体的には、おもに以下の業務のうち、安全についての技術的事項を管理します。

① 建設物、設備、作業場所または作業方法に危険がある場合における応急措置または適当な防止の措置
② 安全装置、保護具その他危険防止のための設備・器具の定期的点検および整備
③ 作業の安全についての教育と訓練
④ 発生した労働災害の原因調査と再発防止対策の検討
⑤ 消防訓練や避難訓練
⑥ 作業主任者その他安全に関する補助者の監督
⑦ 安全に関する資料の作成、収集、重要事項の記録
⑧ 作業場の巡視と危険防止に必要な措置

10 衛生管理者

衛生管理者とは

　衛生管理者とは、安全衛生業務のうち事業場の衛生に関わる事項を管理する者のことで、事業場における労働者の職場環境の改善や健康管理を職務とします。衛生管理者となるには有資格者であることが必要です。具体的には、衛生工学衛生管理者、第一種衛生管理者、第二種衛生管理者、医師・歯科医師、労働衛生コンサルタント、その他厚生労働大臣の定める者であることが必要です。

労働者の人数に応じて選任すべき衛生管理者の人数が決まる

　常時50人以上の労働者を使用するすべての事業場で衛生管理者の選任義務が生じます。ただし、事業場の規模ごとに選任しなければならない衛生管理者の数が異なります。たとえば、常時使用する労働者数が50人から200人の場合は1人以上、201人から500人の場合は2人以上の衛生管理者の選任が必要です（⇨ P.33 図参照）。

衛生管理者の業務

　衛生管理者の業務は、衛生に関する技術的事項を管理することで、総括安全衛生管理者が選任されている事業場では、その指揮の下で業務を行います。具体的には、おもに以下の業務のうち、衛生についての技術的事項を管理します。

① 健康に異常のある者の発見と必要な処置
② 作業環境の衛生上の調査
③ 作業条件、施設などの衛生上の改善
④ 労働衛生保護具、救急用具などの点検と整備

● 衛生管理者

業種	衛生管理者の選任に要する資格
農林畜水産業、鉱業、建設業、製造業（物の加工業を含む）、電気業、ガス業、水道業、熱供給業、運送業、自動車整備業、機械修理業、医療業、清掃業	第一種衛生管理者免許を有する者、衛生工学衛生管理者免許を有する者、医師、歯科医師、労働衛生コンサルタントなど
その他の業種	第一種衛生管理者免許を有する者、第二種衛生管理者免許を有する者、衛生工学衛生管理者免許を有する者、医師、歯科医師、労働衛生コンサルタントなど

事業場で常時使用する労働者数	選任する衛生管理者数
50～200人	1人以上
201～500人	2人以上
501～1,000人	3人以上
1,001～2,000人	4人以上
2,001～3,000人	5人以上
3,001人以上	6人以上

⑤ 衛生教育、健康相談、労働者の健康保持に必要な事項
⑥ 労働者のケガ、疾病、死亡、欠勤、移動に関する統計の作成
⑦ 衛生日誌の記載など職務上の記録の整備
⑧ 作業場の巡視と健康障害防止に必要な措置

　このうち⑧の作業場の巡視について、安全管理者は頻度が明示されていませんが、衛生管理者は毎週1回以上の巡視が義務づけられています。そして、有害性などを発見した場合は、直ちに労働者の健康障害を防止するための必要な措置をとらなければなりません。

　その他、医師によるメンタルヘルスチェックの実施や補佐なども衛生管理者の職務です。産業医と労働者の面談機会の設定など、労働者の心身の健康保持に必要な措置を推進する役割も担っています。

11 安全衛生推進者、衛生推進者

安全衛生推進者、衛生推進者とは

　安全衛生推進者は、常時使用する労働者数が10人以上50人未満の小規模事業場において、作業環境の改善や健康障害の防止措置などを担当します。安全管理者の選任が義務づけられている業種における小規模事業場で、安全衛生推進者の選任義務が生じます。安全衛生推進者の業務として、おもに8つが挙げられます（⇨ P.35 図参照）。

　これに対し、**衛生推進者**は、安全衛生推進者が行う業務のうち、衛生に関する事項を実施する者です。衛生推進者は、常時使用する労働者数が10人以上50人未満の事業場のうち、安全衛生推進者の選任義務がある業種以外の事業場で、選任が義務づけられています。

選任の資格と手続き

　安全衛生推進者や衛生推進者は、事業場に専属する者（他の事業場と兼業していない者）を選任することが必要です。ただし、労働安全コンサルタント、労働衛生コンサルタント、その他厚生労働大臣が定める者を選任する場合は、専属する者以外でもかまいません。

　安全衛生推進者に選任されるためには、以下の①〜④のどれかにあてはまる者でなければなりません。

① 大学や高専の卒業後1年以上（高校などを卒業した場合は3年以上）安全衛生の実務経験がある者
② 5年以上安全衛生の実務経験がある者
③ 都道府県労働局長の登録を受けた者が行う講習を修了した者
④ 安全管理者、衛生管理者、労働安全コンサルタント、労働衛生コンサルタントの資格を持つ者

● 安全衛生推進者、衛生推進者

安全衛生推進者、衛生推進者の業務

安全衛生推進者	衛生推進者
(1) 施設、整備など(安全装置、労働衛生関係設備、保護具等を含む)の点検・使用状況の確認、これらの結果にもとづく必要な措置	左記のうち衛生に関連する業務
(2) 作業環境の点検(作業環境測定を含む)及び作業方法の点検並びにこれらの結果にもとづく必要な措置	
(3) 健康診断と健康保持促進のための措置	
(4) 安全衛生教育	
(5) 異常な状態における応急処置	
(6) 労働災害の原因調査と再発防止対策	
(7) 安全衛生情報の収集と労働災害、疾病・休業などの統計の作成	
(8) 関係行政機関に対する安全衛生の各種報告、届出など	

安全衛生推進者、衛生推進者の選任義務が生じる場合

安全衛生推進者	衛生推進者
常時使用する労働者数が10人以上50人未満で、以下の業種の事業場	
林業、鉱業、建設業、運送業、清掃業、製造業(物の加工業を含む)、電気業、ガス業、熱供給業、水道業、通信業、各種商品卸売業、家具・建具・什器等卸売業、各種商品小売業、家具・建具・什器小売業、燃料小売業、旅館業、ゴルフ場業、自動車整備業、機械修理業	左記の業種以外の業種

　安全衛生推進者や衛生推進者は、選任すべき事由が発生した日から14日以内に選任しなければなりません。所轄労働基準監督署長に対する選任報告書の提出義務はありませんが、安全衛生推進者や衛生推進者を選任した場合、事業者は、その者の氏名を作業場の見やすい場所に掲示するなど、事業場の労働者に周知しなければなりません。

　なお、安全管理者とは違って、安全衛生推進者や衛生推進者は専任であることが要求されていません。そのため、事業場内で他の業務もあわせて担当する者を選任することが可能です。

12 作業主任者

作業主任者とは

　事業場で行われる作業には、危険性や有害性をともなうものが存在します。危険をともなう作業が実施される場合、労働災害が発生する可能性が高くなります。事業者は、危険・有害な作業における労働災害を防止するため、有資格者の中から作業主任者を選任し、その作業主任者に労働者の指揮などを行わせなければなりません。

　作業主任者は、危険・有害な作業に従事する労働者の指揮、機械や安全装置の点検、器具・工具の使用状況の監視などを行います。具体的には、高圧室内作業、ボイラー取扱い作業、足場の組立て作業などの危険・有害な業務について、正しい作業手順を定め、労働者の指揮などを行います（⇨ P.37 図参照）。

選任の資格や手続きなど

　作業主任者は、事業場単位でなく作業単位で選任されます。事業場の規模に関係なく、作業に応じて選任義務が生じます。

　事業者は、①都道府県労働局長の免許を受けた者、②都道府県労働局長の登録を受けた者が行う技能講習を修了した者のいずれの中から、作業主任者を選任しなければなりません。ただし、①と②のどちらを選任すべきなのか、①と②のどちらを選任してもよいのかは、作業区分により異なります。

　たとえば、高圧室内作業、放射線に関わる作業などの場合は、①免許取得者でなければ、作業主任者に選任することができません。しかし、プレス機械作業、有機溶剤作業、ボイラー取扱い作業（小型ボイラーを除く）などの場合は、①免許取得者だけでなく、②技能講習修

● 作業主任者の選任義務があるおもな作業

主任者名称	作業内容	免許・技能講習
高圧室内作業主任者	高圧室内作業	高圧室内作業主任者免許
ガス溶接作業主任者	アセチレン溶接装置、ガス集合溶接装置を用いて行う金属の溶接・溶断・加熱作業	ガス溶接作業主任者免許
林業架線作業主任者	機械集材装置または運材索道の組立て、解体、変更、修理またはこれらの設備による集材、運材作業	林業架線作業主任者免許
ボイラー取扱作業主任者	ボイラー(小型ボイラーを除く)の取扱い作業 ※電熱面積により免許等が異なる	特級・1級・2級ボイラー技士免許、ボイラー取扱技能講習修了
エックス線作業主任者	放射線業務に係る作業	エックス線作業主任者免許
ガンマ線透過写真撮影作業主任者	ガンマ線照射装置を用いて行う透過写真の撮影作業	ガンマ線透過写真撮影作業主任者免許
木材加工用機械作業主任者	木材加工用機械を5台以上有する事業場において行う、その機械による作業	木材加工用機械作業主任者技能講習修了
プレス機械作業主任者	動力により駆動されるプレス機械を5台以上有する事業場において行う、その機械による作業	プレス機械作業主任者技能講習修了
乾燥設備作業主任者	危険物等に係る乾燥設備等による物の加熱乾燥の作業	乾燥設備作業主任者技能講習修了
コンクリート破砕器作業主任者	コンクリート破砕器を用いて行う破砕の作業	コンクリート破砕器作業主任者技能講習修了
地山の掘削作業主任者	掘削面の高さが2メートル以上となる地山の掘削	地山の掘削及び土止め支保工作業主任者技能講習修了

了者も作業主任者に選任することができます。

　作業主任者については、14日以内の選任義務、選任報告書の提出義務、専属・専任の作業主任者の選任義務はありません。ただし、作業場所の見やすい場所に、選任した作業主任者の氏名や職務内容を掲示するなど、関係する労働者に周知させることは必要です。

13 産業医

産業医とは

　事業者と契約を結んで、健康診断やストレスチェックの実施、労働者の健康に関する指導・助言など、事業場における労働者の健康管理を行う医師のことを産業医といいます。

　事業者には、常時使用する労働者数が 50 人以上のすべての業種の事業場において、産業医の選任が義務づけられています。選任すべき事由が発生した日から 14 日以内に産業医を選任した上で、所轄労働基準監督署長に選任報告書を提出しなければなりません。

　産業医として選任する者は、医師であることに加え、以下の①〜⑤のどれかにあてはまることが必要です。

① 厚生労働大臣の定める研修（日本医師会の産業医学基礎研修、産業医科大学の産業医学基本講座）の修了者
② 産業医の養成などを目的とする医学の正規課程を設置する産業医科大学その他の大学を卒業した者であって、その大学の実習を履修した者
③ 労働衛生コンサルタント試験に合格した者で、その試験区分が保健衛生であるもの
④ 大学において労働衛生に関する科目を担当する教授、准教授または常勤講師の経験のある者
⑤ その他厚生労働大臣が定める者

専属産業医や複数の産業医の選任を必要とする場合

　常時使用する労働者数が 1,000 人以上の事業場、または一定の有害な業務に常時労働者を 500 人以上従事させる事業場では、専属産業医

● **専属産業医**

常時使用する労働者数	選任すべき産業医数	専属産業医	
50〜200人 201〜499人 500〜999人 1,000〜3,000人	1人以上	専属産業医は不要（嘱託の産業医でよい）	1人以上の専属産業医（一定の有害な業務に従事させる事業場の場合）
		1人以上の専属産業医	
3,001人〜	2人以上		

労働者数が常時500人以上の事業場で専属産業医が必要な「一定の有害な業務」

（例）多量の高熱物体を取り扱う業務及び著しく暑熱な場所における業務、ラジウム放射線・X線その他の有害放射線にさらされる業務、重量物の取扱い等重激な業務、坑内における業務、深夜業を含む業務 など

を選任することが義務づけられています。専属産業医とは、開業医などの嘱託ではなく、事業場に常駐する産業医を指します。

常時使用する労働者が3,000人以上の事業場では、2人以上の産業医を選任することが義務づけられています。この場合、2人以上の産業医のうち1人以上は専属産業医でなければなりません。

選任義務のない小規模事業場における健康管理

常時使用する労働者数が50人未満の小規模事業場では、産業医の選任義務はありません。しかし、小規模事業場であっても労働者の健康管理を行うことが必要です。むしろ実態としては、小規模事業場の方が労働者の健康管理体制に多くの問題が生じています。

たとえば、一般健康診断（定期健康診断など）の結果について、異常の所見が認められる労働者の数は、小規模事業場の方が、より規模の大きな事業場よりも多くなる傾向があります。

そのため、労働安全衛生法は、事業者に対し、小規模事業場につい

ても、医師や地域産業保健センターなどを活用することにより、労働者の健康管理を行うことを努力義務としています。地域産業保健センターでは、小規模事業場の事業者や労働者を対象として、労働者の健康管理に関する業務についての面談、情報提供、その他必要な保健指導を無料で行っています。

産業医の義務

産業医は、健康診断の実施、作業環境の管理、健康教育や健康相談など、労働者の健康管理に関連する業務の全般を担当します。具体的には、おもに以下の業務を担当します。

① 健康診断の実施、健康診断の結果にもとづく労働者の健康保持のための措置
② 長時間労働者に対する面接指導、面接指導の結果にもとづく労働者の健康保持のための措置
③ ストレスチェック、高ストレス者に対する面接指導、これらの結果にもとづく労働者の健康保持に関する措置
④ 作業環境の維持管理
⑤ 作業の管理
⑥ ①〜⑤以外の労働者の健康管理
⑦ 健康教育、健康相談その他労働者の健康の保持促進を図るための措置
⑧ 衛生教育
⑨ 労働者の健康障害の原因調査と再発防止のための措置

産業医が労働者の健康管理のために必要であると認める場合には、事業者に対し、労働者の健康管理について勧告をすることができます。さらに、労働者の健康障害の防止に関し、総括安全衛生管理者に対する勧告、衛生管理者に対する指導と助言をすることもできます。

定期巡視の実施も義務づけられています。産業医は毎月1回以上、

事業場を巡視する義務があります。定期巡視の際に、労働者の作業方法や衛生状態に危険性や有害性を発見した場合は、直ちに必要な措置をとらなければなりません。なお、一定の情報の提供を受けている場合で事業者の同意があれば、2か月に1回以上の巡視で足ります。

労働安全衛生法の改正による権限強化

労働安全衛生法の改正（2019年4月1日施行）により、**産業医の権限が強化**されています。おもな改正点として、産業医の誠実義務の明文化、事業者による産業医への情報提供の義務化、長時間労働者などに対する面接指導の義務化があります。

まず、産業医が労働者の健康管理を行うのに必要な医学に関する知識にもとづき、誠実に業務を行わなければならないとする規定が設けられました。産業医の中立性を疑う事件が起きている点を考慮し、産業医の誠実義務が明文化されました。

次に、事業者は、健康診断後の措置、長時間労働者の氏名、業務内容などの情報を産業医に提供する義務を負います。また、産業医から勧告を受けた事業者は、勧告の内容などを衛生委員会または安全衛生委員会に報告する義務を負います。その他、産業医の業務内容や健康相談の申出方法などについて、労働者に周知することも義務づけられます。これは産業医の利用を促進するための措置です。

そして、改正前は1か月100時間を超える申し出のあった長時間労働者を対象に実施されてきた産業医などの医師による面接指導は、改正後は1か月80時間を超える申し出のあった長時間労働者が対象になります。その他、高度プロフェッショナル制度の対象労働者に対しては、一定の労働時間を超えた場合、対象労働者から申し出がなくても医師による面接指導が義務づけられます。なお、医師の面接指導の実施に関連して、事業者には、労働者の労働時間や労働状況の把握が義務づけられます。

14 安全委員会、衛生委員会、安全衛生委員会

委員会設置の目的

　労働災害を防止し快適な職場環境を形成していくためには、事業者が安全衛生に関して必要な対策をとるだけでは十分でなく、実際に現場で作業を行う労働者の参加と協力も必要です。労働安全衛生法では、労働者の危険または健康障害を防止するための組織として、一定規模以上の事業場に対し、労働者も参加することができる安全委員会、衛生委員会、安全衛生委員会の設置を義務づけています。

安全委員会はどのように設置するのか

　安全委員会は、労働者の安全を確保するため、一定の事項について調査審議を行い、事業者に意見を述べることができる委員会です。安全委員会は、鉱業、建設業、清掃業などの場合は、常時使用する労働者数が50人以上、旅館業、燃料小売業などの場合は、常時使用する労働者数が100人以上の事業場で、設置が義務づけられています。

　安全委員会の委員は、以下の①〜③にあてはまる者のうち、事業者が指名した者によって構成されます。
① 総括安全衛生管理者、事業場においてその事業の実施を統括管理する者、これに準じる者の中から事業者が指名した者
② 安全管理者
③ 事業場の労働者で安全に関する経験のある者

　①にあてはまる委員は1人で、安全委員会の議長となります。②③に該当する委員は、事業場に過半数組合（労働者の過半数で組織する労働組合）がある場合はその過半数組合、過半数組合がない場合は労働者の過半数を代表する者の推薦にもとづき指名されます。

● 安全委員会、衛生委員会、安全衛生委員会

	安全委員会		衛生委員会
事業の業種区分	林業、鉱業、建設業、製造業のうち木材・木製品製造業、化学工業、鉄鋼業、金属製品製造業、運送業のうち道路貨物運送業、自動車整備業、機械修理業、清掃業	左記以外の製造業（加工業も含む）、左記以外の運送業、電気業、ガス業、熱供給業、水道業、通信業、各種商品卸売業、家具・建具・什器等卸売業、各種商品小売業、家具・建具・什器小売業、燃料小売業、旅館業、ゴルフ場業	すべての業種
労働者数	常時50人以上	常時100人以上	常時50人以上
委員の構成	①総括安全衛生管理者などの中から事業者が指名した者 ②安全管理者 ③事業場の労働者で安全に関する経験のある者		①総括安全衛生管理者などの中から事業者が指名した者 ②衛生管理者 ③産業医 ④事業場の労働者で衛生に関する経験のある者 ⑤作業環境測定士（任意）
おもな調査審議事項	・労働者の危険防止のための基本的な対策に関すること ・労働災害の原因や再発防止対策で安全に関すること ・安全に関する規程の作成に関すること ・安全教育の実施計画作成に関すること ・労働者の危険防止に関する重要事項		・労働者の健康障害を防止するための基本的な対策に関すること ・労働者の健康の保持増進のための基本的な対策に関すること ・衛生に関する規程の作成に関すること ・労働災害の原因や再発防止対策で衛生に関すること ・労働者の健康障害の防止や健康の保持増進に関する重要事項

安全衛生委員会 事業者が同一の事業場において安全委員会と衛生委員会の両方を設置しなければならない場合は、それぞれの委員会の設置に代えて安全衛生委員会を設置することができる

衛生委員会はどのように設置するのか

衛生委員会は、業種を問わず、常時使用する労働者数が50人以上の事業場で、設置が義務づけられています。安全委員会を設置する事業場では、衛生委員会も必ず設置します。衛生委員会の委員は、以下の①〜③にあてはまる者のうち事業者が指名した者で構成されます。
① 総括安全衛生管理者、事業場においてその事業の実施を統括管理する者、これに準じる立場の者の中から事業者が指名した者
② 衛生管理者
③ 産業医
④ 事業場の労働者で衛生に関する経験のある者
⑤ 作業環境測定士（任意）

①にあてはまる委員は1人で、衛生委員会の議長となります。②③④に該当する委員は、事業場に過半数組合がある場合はその過半数組合、過半数組合がない場合は労働者の過半数を代表する者の推薦にもとづき指名されます。①〜④の他に、事業場における作業環境測定士を委員として任意に指名することもできます。

安全衛生委員会はどのように設置するのか

安全委員会と衛生委員会の両方を設置すべき事業場では、それぞれの委員会の設置に代えて、安全衛生委員会の設置ができます。安全衛生委員会は、労働者、安全管理者、衛生管理者が意見交換し、協力して安全衛生が確保された職場を作ることを目的にしています。

安全衛生委員会は、以下の①〜⑤にあてはまる者のうち、事業者が指名した者で構成されます。
① 総括安全衛生管理者、事業場においてその事業の実施を統括管理する者、これに準じる立場の者の中から事業者が指名した者
② 安全管理者と衛生管理者
③ 産業医

④　事業場の労働者で安全に関する経験のある者
⑤　事業場の労働者で衛生に関する経験のある者

各委員会の審議事項や開催時期など

　安全委員会は、安全に関する事項の調査審議を行います。具体的には、労働者の危険防止のための基本的な対策、労働災害の原因や再発防止対策で安全に関連するもの、安全に関する規程の作成、安全教育の実施計画の作成、その他労働者の危険防止に関する重要事項などについて調査審議を行い、事業者に意見を述べます。

　衛生委員会は、労働者の健康を確保増進するための事項について調査審議を行います。具体的には、労働者の健康障害を防止するための基本的な対策、労働者の健康の保持増進を図るための基本的な対策、衛生に関する規程の作成、労働災害の原因や再発防止対策で衛生に関連するもの、その他労働者の健康障害の防止や健康保持増進に関する重要事項などについて調査審議を行い、事業者に意見を述べます。

　安全衛生委員会では、安全委員会と衛生委員会が調査審議すべき事項のすべてについて、調査審議を行います。具体的には、労働者の危険を防止して健康障害を防止するための基本対策、労働者の健康の保持増進を図るための基本対策、労働災害の原因や再発防止対策で安全衛生に関連するもの、労働者の危険の防止、健康障害の防止、健康の保持増進に関する重要事項などの調査審議を行います。

　事業者は、安全委員会、衛生委員会、安全衛生委員会を、毎月１回以上開催しなければなりません。その後、それぞれの委員会を開催するごとに、議事の概要を作業場の見やすい場所への掲示・備付けなどの方法によって、労働者に周知しなければなりません。議事のうち重要なものに関連する記録を作成し、３年間保存することも事業者に義務づけられています。

Column

偽装請負とその対策

 偽装請負とは、実質的には派遣労働者を受け入れているにもかかわらず、法律上の形式としては請負契約を締結しており、請負を装っている場合をいいます。労働者派遣と請負は、事業者が直接雇用していない労働者を使用できる点では共通しています。しかし、派遣労働者に対しては、派遣先の事業者は、直接的に指揮命令を行うことができます。これに対し、請負人との間で請負契約を結んでいる事業者（発注者）は、具体的な業務に関して、請負人の労働者に指揮命令をすることができません。偽装請負の場合は、請負契約の形式をとっているにもかかわらず、請負人の労働者に指揮命令をしている点に大きな問題があります。

 偽装請負が行われる背景として、労働者派遣には、派遣期間が原則として3年に限定されていることや、建設業や警備業務などの業種において、労働者派遣が禁止されていることが挙げられます。請負の形態を利用して労働法の適用を免れようとする点も見逃せません。建設業や製造業などにおいて偽装請負が多く見られます。

 厚生労働省は、請け負った業務に関する独立性が保たれていない場合には、請負契約の形式をとっていても、労働者派遣とみなすという姿勢を打ち出しています。請負と労働者派遣の区別基準として、たとえば、必要な資金や材料などを自分で調達し、業務に関して業務を発注した事業者の指図を受けず、自らが使用する労働者の管理を独立して行っている場合であれば、適法な請負契約とされます。

 そして、偽装請負を行っている事業者は、違法な労働者派遣をしている事業者として、行政指導や企業名の公表などの対象になるおそれがあります。そのため、偽装請負をしている事業者は、受け入れていた労働者を直接雇用するか、適法な労働者派遣に切り替えるなど、偽装請負を解消する措置をとらなければなりません。

第 2 章
工事現場の安全管理

1 作業現場での安全衛生管理体制

作業現場での特別な安全衛生管理体制の必要性

　道路工事やビル建設工事などの作業現場においては、多くの場合、元方事業者（元請負人）が発注者から作業を請け負い、作業の一部を下請事業者（下請負人）に発注するという重層下請負構造が採用されています。下請事業者は、自ら作業する他、作業の一部を下請事業者（二次下請負人）に発注することもあります。このような作業現場では、異なる事業者の労働者が混在して作業に従事しています。

　下請事業者は元方事業者に比べ、製品の運搬や設備の修理など、危険性や専門性の高い作業を依頼される場合が多いため、思わぬ事故が発生する危険性も高くなります。下請事業者と元方事業者は独立した異なる企業であるため、双方の連絡調整が不十分になり、指導の行き違いや作業の混乱などから労働災害が発生する危険性もあります。

　労働安全衛生法は、工事現場における重層請負構造の下での労働災害を防止するため、特別な安全衛生管理体制の設置を義務づけています。下請事業者の労働者の安全衛生について元方事業者にも責任を負わせるなど、下請事業者の労働者を保護するための安全衛生管理体制の整備が求められているのです。

建設業や造船業における安全衛生管理体制

　重層請負構造の下で建設業や造船業を行う元方事業者（特定元方事業者）は、統括安全衛生責任者を選任しなければなりません。建設業や造船業は、とくに危険性や有害性の高い作業が多く、労働災害の発生件数も多いのが現状です。このような作業現場における安全衛生の最高責任者として、元方事業者に統括安全衛生責任者の選任を義務づ

● 建設業の作業現場での安全管理体制

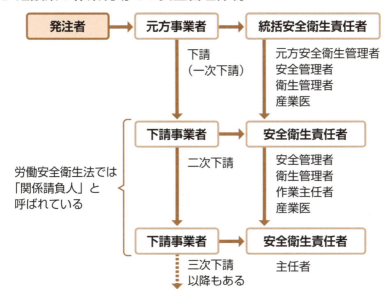

けています。統括安全衛生責任者とは、元方事業者と下請事業者における作業間の連絡調整などを統轄管理し、工事現場での労働災害を防止し、安全衛生を確保するための最高責任者です。

さらに、統括安全衛生責任者を選任した建設業を行う事業場の元方事業者は、**元方安全衛生管理者**を選任しなければなりません。元方安全衛生管理者は、統括安全衛生責任者の補佐を行いつつ、作業現場の技術的事項の管理を担当する事業場に専属の責任者です。

これに対し、統括安全衛生責任者の選任義務がない建設業を行う中小規模の作業現場では、元方事業者が店社安全衛生管理者を選任しなければなりません。店社安全衛生管理者は、作業間の連絡調整や作業現場の巡視などを担当します。

そして、統括安全衛生責任者を選任した作業現場における下請事業者は、**安全衛生責任者**の選任義務が生じます。安全衛生責任者は、統括安全衛生責任者との連絡調整などを行います。

統括安全衛生責任者とは

　統括安全衛生責任者は、作業現場においてその事業の実施を統括管理する作業現場の最高責任者です。前述したように、建設業などの作業現場においては、複数の事業者に所属する労働者が混在して作業に従事しています。統括安全衛生責任者は、これらの労働者に労働災害が発生することを防止するため、作業現場を統括管理することが義務づけられています。

　統括安全衛生責任者の選任義務がある事業場は、建設業もしくは造船業を行う元方事業者（特定元方事業者）のうち、下請事業者の労働者も含めて常時使用する労働者数が50人以上の事業場です。ただし、ずい道（トンネル）等の建設、市街地や線路脇などの特定の場所における橋梁の建設、その他圧気工法による作業を行う事業場では、下請事業者の労働者を含めて常時使用する労働者数が30人以上の場合に、統括安全衛生責任者の選任義務が生じます。そして、業務ごとに分割発注の形式をとっている場合は、業務ごとではなく、事業場で作業に従事するすべての労働者を対象にして、「常時50人以上」であるのか、「常時30人以上」であるのかを判断することになります。

統括安全衛生管理者が統括管理すべき事項

　特定元方事業者は、統括安全衛生責任者に、元方安全衛生管理者を指揮させるとともに、元方事業者が行うべき措置を統括管理させなければなりません。具体的には、おもに以下のような事項を統括管理させることが義務づけられています。

① 元方安全衛生管理者の指揮
② 協議組織の設置と運営
③ 作業間の連絡調整
④ 作業場所の巡視
⑤ 下請事業者が行う安全衛生教育に対する指導と援助

⑥　建設業の場合は、作業工程計画や作業場所の機械・設備等の配置計画の作成、機械・設備等を使用する作業に関する指導
⑦　その他、特定元方事業者と下請事業者の労働者の作業が同じ場所で行われることで生じる労働災害防止のために必要な事項

　統括安全衛生責任者は、作業現場において、すべての下請事業者が参加する協議組織を設置し、定期的に会議を開催しなければなりません。作業の混乱を防ぐため、元請事業者と下請事業者の間および下請事業者の相互間で行う作業間の連絡調整を統括管理することも義務づけられています。さらに、毎作業日に1回以上は作業場所の巡視を必ず実施し、常に作業現場の安全衛生を統括管理することも必要です。

　下請事業者の労働者に対しては、下請事業者が安全衛生教育を実施する義務を負います。しかし、下請事業者による安全衛生教育が十分でない場合もあるため、元請事業者による必要な指導や援助が義務づけられています。そして、作業工程計画などの作成や、機械や設備等を使用する作業の指導は、建設業の統括安全衛生責任者だけの義務とされています。

どのようにして選任されるのか

　統括安全衛生責任者は作業現場単位で選任します。選任されるために必要な資格や免許はありませんが、作業所長などのように現場の作業を統括管理する者の中から選任することが必要とされています。

　統括安全衛生責任者の選任義務がある作業現場の特定元方事業者は、作業開始後すぐに統括安全衛生責任者を選任し、所轄労働基準監督署長に報告しなければなりません。統括安全衛生責任者がケガや病気、休暇などで作業現場を不在にする場合は、代理人を選ばなければなりません。ただし、代理人の選任を報告する必要はありません。

　選任義務のある特定元方事業者が統括安全衛生責任者を選任しなかった場合などは、50万円以下の罰金に処せられます。

2 安全衛生責任者、元方安全衛生管理者、店社安全衛生管理者

安全衛生責任者とは

　統括安全衛生責任者を選任した事業場では、特定元方事業者から作業の一部を請け負った下請事業者に対し、安全衛生責任者の選任が義務づけられています。安全衛生責任者は、建設業や造船業などの作業現場において、元方事業者と下請事業者の間の連絡調整を行い、作業現場における労働災害発生を防ぐ責任を担う現場責任者です。

　安全衛生責任者を選任した下請事業者は、統括安全衛生責任者を選任すべき元方事業者に連絡しなければなりません。安全衛生責任者がケガや病気、休暇等のやむを得ない理由により職務を実施することができない場合は、代理人を選任しなければなりません。ただし、選任について所轄労働基準監督署長への報告義務はありません。

　選任義務のある下請事業者が安全衛生責任者を選任しなかった場合などは、50万円以下の罰金に処せられます。

　安全衛生責任者のおもな業務には、元方事業者の統括安全衛生責任者との連絡や、関係者への連絡などがあります。選任にあたり必要な資格や免許はありませんが、おもに下請事業者の現場責任者などが担当します。安全衛生責任者の具体的な業務は、以下のとおりです。

① 　統括安全衛生責任者との連絡
② 　統括安全衛生責任者から連絡を受けた事項についての関係者への連絡
③ 　統括安全衛生責任者からの連絡事項のうち下請事業者に関する事項についての管理
④ 　下請事業者が作成する労働者の作業計画と、特定元方事業者が作成する作業計画との整合性を確保するための統括安全衛生責任者と

● 安全衛生責任者などの資格要件

安全衛生責任者の資格要件
選任にあたり必要な資格や免許はない。
おもに下請事業者の現場責任者などが担当する。

元方安全衛生管理者の資格

資格	
(1)	学校教育法による大学または高等専門学校における理科系統の正規の課程を修めて卒業した者で、建設工事の施工における安全衛生の実務に3年以上従事した経験がある者
(2)	学校教育法による高等学校または中等教育学校において理科系統の正規の学科を修めて卒業した者で、建設工事の施工における安全衛生の実務に5年以上従事した経験がある者

店社安全衛生管理者の資格要件

資格	
(1)	大学または高等専門学校を卒業後、建設工事の施工における安全衛生の実務に3年以上従事した経験がある者
(2)	高等学校または中等教育学校を卒業後、建設工事の施工における安全衛生の実務に5年以上従事した経験がある者
(3)	建設工事の施工における安全衛生の実務に8年以上従事した経験がある者

の調整
⑤ 作業により生じる労働災害の危険の有無の確認
⑥ 下請事業者が作業の一部を他の事業者に請け負わせている場合の他の事業者の安全衛生責任者との作業間の連絡調整

元方安全衛生管理者とは

統括安全衛生責任者を選任した事業場のうち建設業を行う作業現場においては、元方安全衛生管理者を選任しなければなりません。造船

業の特定元方事業者には、元方安全衛生管理者の選任義務がありません。元方安全衛生管理者は、事業場に専属の者の中から、以下の①～③のいずれかにあてはまる者を選任する必要があります。

① 大学もしくは高専（高等専門学校）で理科系統の正規の課程を修めて卒業した者で、その後3年以上建設工事の施工における安全衛生の実務に従事した経験を有する者
② 高等学校などで理科系統の正規の学科を修めて卒業した者で、その後5年以上建設工事の施工における安全衛生の実務に従事した経験を有する者
③ その他厚生労働大臣が定める者

　元方安全衛生管理者は、統括安全衛生責任者の業務を補佐する他、統括安全衛生責任者が実施する業務のうち技術的事項を管理します。具体的には、協議組織の設置運営、作業間の連絡調整、作業場所の巡視、安全衛生教育に対する指揮や援助を実施します。建設業の場合は、作業工程計画の作成と、機械・設備等を使用する作業に関する指導や教育なども実施します。

　元方安全衛生責任者を選任した場合は、作業の開始後すぐに所轄労働基準監督署長に報告しなければなりません。選任義務があるにもかかわらず元方事業者が元方安全衛生責任者を選任しなかった場合などは、50万円以下の罰金に処せられます。

店社安全衛生管理者とは

　統括安全衛生責任者の選任義務がない中小規模の建設業の事業場において、一定数の労働者を使用して作業を行う場合は、**店社安全衛生管理者**を選任しなければなりません。選任は建設業の特定元方事業者が行い、下請事業者には選任義務はありません。

　店社安全衛生管理者を選任すべき事業場は、ずい道（トンネル）の建設、圧気工法による作業、橋梁の建設において、下請事業者も含め

た常時使用する労働者数が20人以上30人未満の事業場（作業現場）です。橋梁の建設については、人口が集中する市街地などにおいて、道路上や道路に隣接した場所または鉄道の軌道上や軌道に隣接した場所で作業が実施される場合に限り、選任が必要になります。

その他、主要構造部が鉄骨造または鉄骨鉄筋コンクリート造の建築物の建設を行う事業場において、下請事業者も含めた常時使用する労働者数が常時20人以上50人未満の場合にも、選任が義務づけられています。なお、特定元方事業者が統括安全衛生責任者と元方安全衛生管理者を選任し、店社安全衛生管理者の業務を行わせる場合には、選任義務のある事業場においても店社安全衛生管理者を選任する必要はありません。

店社安全衛生管理者の選任においては、大学または高専で理科系統の学科修了や、建設工事の施工における安全衛生の実務経験など、一定の経験や資格を満たす必要があります。

店社安全衛生管理者の業務は、月1回の作業現場の巡視、作業間の連絡調整、安全衛生に対する指導など、労働災害を防止するため必要な事項です。具体的には、おもに以下の業務を担当します。

① 協議組織の設置と運営
② 現場の作業間の連絡調整
③ 作業現場の巡視（少なくとも月1回以上）
④ 下請事業者の安全衛生教育に対する指導と援助
⑤ 作業の種類や実施状況の把握
⑥ 協議組織の会議への随時参加
⑦ 特定元方事業者が作成した、仕事の工程に関する計画や、作業場所における機械・設備等の配置に関する計画のとおりに、措置が講じられているかどうかの確認

3 元方事業者

元方事業者とは

　建設業、造船業、製造業などの業種では、仕事の一部を社外の下請事業者に依頼する傾向があります。発注者（注文者）から仕事を受注してから、その一部を請負という形で下請事業者に依頼し、他の仕事は自らが行うとする事業者を**元方事業者**といいます。下請事業者から他の事業者に請負という形で作業が依頼される関係（二次下請け・孫請け）がある場合には、その請負契約の最初の請負契約における事業者（元請け事業者）が元方事業者となります。

　これに対し、元方事業者から直接仕事を請け負った一次下請けの下請事業者だけでなく、そこから「二次、三次、…」と請け負った末端の下請事業者までのすべてを**関係請負人**といいます。元方事業者は、実施する仕事の全体について責任を負っています。そのため、安全衛生についても、作業現場での仕事に携わる関係請負人の労働者を含めたすべての労働者について必要な措置をとらなければなりません。

元方事業者が講ずべき措置とは

　関係請負人（下請事業者）の労働者は、危険性や有害性の高い作業を実施する場合が多いため、労働災害の発生率も元方事業者の労働者に比べて高い傾向があります。また、作業場所が元方事業者の事業場内であるため、作業の指示や連絡が不十分になるなど、関係請負人による安全衛生管理だけでは労働災害の防止が困難と考えられます。

　労働安全衛生法では、業種を問わず、元方事業者に該当する事業者に対し、おもに以下の２つの措置の実施を義務づけています。
① 　複数の事業者に所属する労働者の混在する仕事によって生じる労

● 元方事業者

```
元方事業者の義務
┌─────────────────┬─────────────────┐
│関係請負人やその労働者が、│関係請負人が、労働安全衛生│
│労働安全衛生法などの規定 │法などの規定に違反している│
│に違反しないように指導す │場合には、是正のために必要│
│ること          │な指示をすること     │
└─────────────────┴─────────────────┘

関係請負人や      指示を受けた関係請負人やその労働
その労働者の義務 ─── 者は、元方事業者の指示に従わなけ
             ればならない
```

働災害防止のため、関係請負人やその労働者が労働安全衛生法などの規定に違反しないように指導すること

② 関係請負人やその労働者による仕事が労働安全衛生法などの規定に違反している場合には、是正のため必要な指示をすること

そして、②の指示を受けた関係請負人やその労働者は、元方事業者の指示に従わなければなりません。一次下請けだけでなく、二次下請け（孫請け）、三次下請けのように数次にわたって請負契約が締結されている場合であっても、すべての関係請負人やその労働者は、元請事業者にあたる元方事業者の指示に従わなければなりません。

建設業の元方事業者者が講ずべき措置とは

建設業の元方事業者は、危険がともなう以下の場所において関係請負人の労働者が作業を実施する場合には、前述した「元方事業者が講ずべき措置」に加えて、技術上の指導などの必要な措置を講じなければならないとされています。

具体的には、建設業の元方事業者は、以下の場所において、技術上

の指導などの必要な措置を講ずべきことが義務づけられています。
① 土砂等が崩壊するおそれのある場所
② 土石流が発生するおそれのある場所
③ 機械等が転倒するおそれのある場所
④ 架空電線の充電電路に近接する場所で、労働者の身体等が接触、接近することで感電の危険が生ずるおそれのある場所
⑤ 埋設物等、れんが壁、コンクリートブロック塀、擁壁等の建設物が損壊するなどのおそれのある場所

建設業の作業現場では、危険性や有害性の高い作業を実施する場合が多いことに加えて、工期や天候などとの兼ね合いから、途中で作業方法が変わる場合もあります。とくに規模の大きな作業を実施する場合には、従事する労働者の数が増加するため、作業方法の変化が周知されないこともあります。そのため、建設業の作業現場では、他の業種に比べて労働災害の発生する危険性が高い傾向があります。

そこで、建設業の作業現場における労働災害を防止し、その安全管理を推進するため、厚生労働省が策定した「元方事業者による建設現場安全管理指針」が詳細な内容を示しています。この安全管理指針では、重層請負構造などによって異なる事業者に所属する労働者が混在する作業現場を想定し、以下の項目について、元方事業者が実施することが望ましい安全管理の具体的な手法が示されています。
① 安全衛生管理計画の作成
② 過度の重層請負の改善
③ 請負契約における労働災害防止対策の実施者と経費の負担者の明確化
④ 元方事業者による関係請負人とその労働者の把握
⑤ 作業手順書の作成
⑥ 協議組織の設置と運営
⑦ 作業間の連絡調整

⑧　作業場所の巡視（1日1回以上）
⑨　新規入場者（新たに作業を行うこととなった者）の教育
⑩　新たに作業を行う関係請負人に対する措置
⑪　作業開始前の安全衛生打合せ（毎作業日）
⑫　安全施工サイクル活動の実施（施工と安全管理の一体化）
⑬　職長会（リーダー会）の設置

製造業の元方事業者者が講ずべき措置とは

　近年、製造業においても業務の請負が多用されています。とくに、請負事業者は、製品などの製造に用いる設備の修理や運搬をはじめ、危険性が高い業務に従事することが多いという特徴があります。しかも元方事業者の事業場で業務に従事することが通常ですので、勝手のよくわからない場所で、自らの責任で安全管理体制を整えることは難しいといえます。

　そのため、建設業と造船業を除いた製造業の元方事業者は、前述した「元方事業者が講ずべき措置」に加えて、異なる事業者に所属する労働者が混在する作業現場で生じる労働災害を防止するため、作業間の連絡調整に関する措置その他必要な措置を講じることが義務づけられています。具体的には、以下の措置が必要とされています。

①　元方事業者と関係請負人や関係請負人相互間の連絡調整
②　クレーン等の運転等についての合図の統一
③　事故現場等を表示する標識の統一
④　有機溶剤等の容器の集積箇所の統一
⑤　エックス線装置に電力が供給されている場合等における警報の統一
⑥　②〜⑤についての関係請負人への周知

4 特定元方事業者

特定元方事業者とは

　元方事業者のうち、建設業と造船業（特定事業）を行う事業者を**特定元方事業者**といいます。建設業や造船業の作業現場では、同じ場所で異なる事業者の労働者が混在して作業する場合が一般的です。そのため、特定元方事業者は、労働災害を防止するために作業現場の統括管理をすることが義務づけられています。この統括管理を実際に担当するのが統括安全衛生責任者または店社安全衛生管理者です。

　特定元方事業者は、その労働者と関係請負人の労働者の作業が同じ場所において行われる場合には、当該作業の開始後すぐに、事業の種類、事業場の名称や関係請負人の事業の種類、事業場の名称、統括安全衛生責任者や元方安全衛生管理者の氏名などの必要事項を、所轄労働基準監督署長に報告しなければなりません。

どんな措置を講じなければならないのか

　特定元方事業者に対しては、労働災害を防止するために必要な措置を講じることが義務づけられています。建設業や造船業の作業現場では、複数の事業者の労働者が混在して危険性や有害性のともなう作業しているため、労働災害が発生する危険性が高くなります。

　そこで、特定元方事業者には、労働者を危険から保護し労働災害を防ぐために、以下の業務を実施することが義務づけられています。

① 協議組織の設置と運営
② 作業間の連絡調整
③ 作業場所の巡視
④ 安全衛生教育に対する指導と援助

● 特定元方事業者が講ずべき措置

1	協議組織の設置と運営
2	作業間の連絡調整
3	作業場所の巡視（毎作業日に1回以上）
4	関係請負人が行う安全衛生教育に対する指導と援助
5	仕事工程の計画または機械・設備等の配置計画の作成、機械・設備等の使用に関し関係請負人が講ずべき措置についての指導（建設業）
6	その他労働災害を防止するため必要な事項 　　クレーン等の運転についての合図の統一 　　事故現場等の標識の統一等 　　有機溶剤等の容器の集積箇所の統一 　　警報の統一等 　　避難訓練の実施方法等の統一等 　　上記5つの関係請負人への周知、資料の提供等

⑤　仕事工程の計画または機械・設備等の配置計画の作成、機械・設備等の使用に関し関係請負人が講ずべき措置の指導（建設業）

⑥　その他労働災害を防止するために必要な事項

　特定元方事業者は、関係請負人を含むすべての労働者が参加する協議会等を設置し、定期的に開催しなければなりません。特定元方事業者と関係請負人との間や関係請負人相互間における連絡調整や、少なくとも毎作業日に1回作業場所を巡視することも義務づけられています。関係請負人の労働者への安全衛生教育はその関係請負人が行うべきですが、安全衛生教育を実施する関係請負人に対する指導や援助も、特定元方事業者の義務とされています。

　その他、労働災害を防止するためにとるべき必要な措置として、クレーン等の運転等についての合図、事故現場等の標識、有機溶剤等の集積場所、警報、避難訓練の実施方法といった事項の統一や、これらの事項の関係請負人への周知および資料の提供などが規定されています。

5 現場監督が講ずべき措置

現場監督の作業とは

　工事現場を監督する責任者が**現場監督**です。「現場監督」は法律上の用語ではありませんが、建設業の作業現場では、建設業法が規定する主任技術者または監理技術者を「現場監督」と呼ぶことが多いようです。現場監督のおもな職務は、建設工事や土木工事などの現場において作業工程を管理することです。

　工事現場では複数の下請事業者の労働者が作業を行います。下請事業者に発注する作業の工程管理が不十分な場合、工期が遅れたりムダな経費がかかったりするおそれがあります。現場監督は、作業時間や日時を正確に計算した上で作業工程を作成し、現場の労働者に指示管理をすることが必要になります。

　現場監督は、実行予算の算出、材料などの発注、下請事業者との価格交渉をする場合もあります。工程管理表や発注者に交付する見積書などの書類を用意することも現場監督の業務です。その他、地元地域に対する説明会やクレーム対応などを担当することもあります。

　現場監督となるためには、上記の主任技術者・監理技術者となるための要件、たとえば、建築士または施工管理技士などの資格や、長い実務経験などを満たすことが求められています。

危険防止や健康被害防止についてさまざまな規則がある

　とくに建設業の工事現場では、墜落・転落・倒壊・崩壊などを原因とする事故や、クレーンなどの機械等の使用中の事故が多く発生しています。現場監督は、工事現場で作業に従事する労働者の安全と健康を守るため、事業者が実施すべき措置を作業現場に反映させ、その安

● 現場監督に関わるおもな規則

危険防止措置 機械等を使用して作業を実施する労働者の危険防止対策

- ボイラー及び圧力容器安全規則（ボイラー則）
- クレーン等安全規則（クレーン則）
- ゴンドラ安全規則（ゴンドラ則）

健康障害防止措置 危険性・有害性のある原材料等を使用する労働者の健康障害防止対策

- 有機溶剤中毒予防規則（有機則）
- 鉛中毒予防規則（鉛則）
- 高気圧作業安全衛生規則（高圧則）
- 粉じん障害防止規則（粉じん則）
- 特定化学物質等障害予防規則（特化則）

全衛生管理を実行する役割を担っています。

　労働安全衛生法が事業者に実施を義務づけている措置のうち、おもな危険防止措置としては、機械、爆発物、電気、熱などによる危険の防止、労働者による掘削、採石、伐木などによる危険の防止、労働者の墜落や土砂の崩壊による危険の防止があります。おもな健康障害防止措置としては、ガス、放射線、異常気圧などによる健康障害の防止、作業環境の整備や保全に関する措置があります。その他、クレーン等安全規則、有機溶剤中毒予防規則、石綿障害予防規則などのさまざまな規則で、事業者が実施すべき措置が定められています。

　現場監督は、これらの法令に定められた危険防止措置や健康障害防止措置を作業現場に反映させ、労働災害を防止し、労働者が安全で衛生的に作業ができるように管理することが求められます。

6 注文者の講ずべき措置

建設物等を使用させる場合に講ずべき措置

　建設業または造船業（特定事業）の仕事を自ら行う注文者は、請負事業者に仕事を発注し、その仕事を行う場所において、建設物等（建設物、設備、原材料など）を請負人の労働者に使用させる場合、労働災害防止に必要な措置を講じる義務を負います。

　注文者のうち他から注文を受けずに仕事を発注する者を発注者といいます。たとえば、公共工事の場合は、国または地方自治体（都道府県や市町村など）が発注者になり、ビルの建設工事の場合は、そのビルを所有しようとしている会社が発注者になります。

　そして、発注者による注文を最初に請け負うのが元方事業者（元請事業者）です。元方事業者は、自ら注文を受けた仕事の一部を行うのと同時に、一部の仕事を他の事業者に発注します。元方事業者から注文を請け負った事業者を関係請負人（下請事業者）といい、関係請負人については、関係請負人から一部の仕事を請け負った事業者（下請け、孫請けなどの事業者）も含まれます。

　このように、重層請負構造の作業現場では、発注者や発注者から仕事を請け負った元方事業者に加え、他の関係請負人に仕事を発注した関係請負人も注文者にあたります。しかし、労働安全衛生法は、仕事を自ら行う発注者や元方事業者に対してのみ、建設物等を使用させる場合の措置を義務づけています。注文者が措置を講ずべき場合は、請負人に仕事の一部を注文し、建設物等をその労働者に使用させたときです。

　注文者が講ずべき措置の具体的内容は、労働安全衛生規則に規定されており、くい打機やくい抜機、軌道装置、型わく支保工、アセチレ

● 注文者が講ずべき措置

注文者が建設物等を使用させる場合に講ずべき措置

くい打機及びくい抜機についての措置	架設通路についての措置
	足場についての措置
軌道装置についての措置	作業構台についての措置
型わく支保工についての措置	クレーン等についての措置
アセチレン溶接装置についての措置	ゴンドラについての措置
交流アーク溶接機についての措置	局所排気装置についての措置
電動機械器具についての措置	全体換気装置についての措置
潜函等についての措置	圧気工法に用いる設備についての措置
ずい道等についての措置	
ずい道型わく支保工についての措置	エックス線装置についての措置
物品揚卸口等についての措置	ガンマ線照射装置についての措置

注文者の措置義務の対象となる特定化学設備
（おもに以下の化学物質の製造・取扱いをする設備）

アクリルアミド	トリレンジイソシアネート	硫酸ジメチル
アクリロニトリル	ニッケルカルボニル	アンモニア
エチレンイミン	パラージメチルアミノアゾベンゼン	一酸化炭素
エチレンオキシド	パラーニトロクロルベンゼン	塩化水素
塩化ビニル	弗化水素	硝酸
塩素	ベータープロピオラクトン	二酸化硫黄
クロロメチルメチルエーテル	ベンゼン	フェノール
シアン化水素	ホルムアルデヒド	ホスゲン
臭化メチル	硫化水素	硫酸

ン溶接装置、交流アーク溶接機、電動機械器具、潜函等、ずい道等、ずい道型わく支保工、物品揚卸口等、架設通路、足場、作業構台、クレーン等、ゴンドラ、局所排気装置、全体換気装置、圧気工法に用いる設備、エックス線装置、ガンマ線照射装置といった建設物等について講ずべき措置を規定しています。

注文者は、作業で労働者に建設物等を使用させる場合、規格に適合したものを使用させるなど、労働災害防止のための措置を講じなければならない他、請負人に対し、労働安全衛生法などの規定に違反する指示をしてはいけません。これらの点は、後述する化学物質等や建設措置の注文者の場合も同様です。

化学物質等の製造設備の取扱いで講ずべき措置

　作業現場の設備で使用する化学物質の多くは、危険性や有害性の高いものです。そのため、化学物質を取り扱う作業現場では、不注意などが原因で労働災害が発生する危険性が高いことから、その取扱いには十分な注意が必要です。

　労働安全衛生法では、化学物質等（化学物質、化学物質を含有する製剤その他の物）の製造や取扱いをする設備の改造、修理、清掃などの作業に従事する労働者を保護するため、注文者（自ら仕事を行うか否かは問いません）に必要な措置を講じることを義務づけています。

　なお、重層請負構造がとられる場合、前述した建設物等の場合と異なり、元方事業者に加えて、他の者に仕事の一部を注文した関係請負人も注文者に含まれる点に注意が必要です。

　措置義務の対象設備は、一定の化学設備とその付属設備、一定の特定化学設備とその付属設備です。一定の化学設備には、ニトログリコール、ニトログリセリンといった爆発性の物、リチウム、硫化りんといった発火性の物、塩素酸カリウム、塩素酸ナトリウムといった酸化性の物、エチルエーテル、ガソリンといった引火性の物などの設備があてはまります。一定の特定化学設備には、塩素、硫化水素、一酸化炭素、硫酸などの設備があてはまります。

　対象設備の改造、修理、清掃などのため、設備の分解作業や内部への立入作業を請負人の労働者に行わせる場合、発注者は、次の事項を記載した文書を作成し、請負人に交付しなければなりません。

① 化学設備で製造している化学物質の危険性と有害性
② 作業において注意すべき安全衛生に関する事項
③ 作業について講じた安全衛生を確保するための措置
④ 化学物質の流出その他の事故が発生した場合の応急措置

その後、発注者から文書を交付された請負人が、他の事業者に作業を依頼する場合は、安全衛生に必要な措置を周知させるため、その文書の写しを他の事業者に交付しなければなりません。

建設機械の安全確保のために講ずべき措置

建設業の仕事を自ら実施する注文者で、特定作業（一定の機械等を使用する作業）を実施する場合、すべての労働者について労働災害防止に必要な措置の実施が義務づけられています。具体的には、機械を使用する作業内容、作業に関する指示や立入禁止区域について必要な連絡調整など、作業現場の安全を確保しなければなりません。特定作業の対象となる「一定の機械等」として、以下のものがあります。

① 機体重量3トン以上のパワー・ショベル、ドラグ・ショベル、クラムシェル
② くい打機、くい抜機、アース・ドリル、アース・オーガー
③ つり上げ荷重3トン以上の移動式クレーン

特定作業に関する仕事を自ら行う発注者や、その発注者から仕事の全部を請け負い、仕事の一部を他の事業者に請け負わせている者を特定発注者等といいます。特定発注者等は、仕事に関連する作業として特定作業を実施する場合、作業を行う者との間、作業内容や作業に関する指示系統、立入禁止区域などについて、必要な連絡調整を行わなければなりません。

その他、特定作業の機械等を使用するときに、危険防止措置を講ずべき者がいない場合、元方事業者などは、特定作業に従事するすべての労働者の労働災害防止に必要な配慮をしなければなりません。

7 JV（ジョイントベンチャー）

JV（ジョイントベンチャー）とは

　おもに建設業を営む複数の事業者が、1つの建設工事を受注・施工し、共同で事業を遂行する目的で形成された事業組織体をJV（ジョイントベンチャー）といいます。JVに参加する企業は、資金や労働力などを総合的に考慮したときに、単独では受注可能な建設工事に限界があるケースが多いようです。つまり、自社の事業規模を超える建設工事について、それぞれの不足分を補い合う形で、事業組織体としてJVを形成し、協力体制を築くことに意義があります。JVは大規模かつ技術的難度の高い建設工事などで採用されています。

　JVについては、施工方式に応じて、共同施工方式と分担施工方式に分類することができます。共同施行方式とは、1つの工事の施工を構成員である建設業者が共同して行う方式です。これに対し、分担施工方式とは、請け負った工事を工区別に分割し、構成員である建設業者が担当が決まった工区を単独で行いますが、発注者に対しては連帯責任を負うとする方式です。

　JVにおいて多く発注される形態は共同施工方式です。そのメリットとしては、各事業者の連携・協力によって工事を確実に施工できる点や、各々の技術を拡充・強化できる点などがあります。反対に、デメリットとしては、指揮命令系統や責任体制が複雑になり、各事業者の労働者間の連絡調整が不十分になる点などがあります。

代表者の選定はどうする

　労働安全衛生法は、2つ以上の建設業の事業者が、同じ作業場所で行われる仕事を共同連帯して請け負う場合、代表者となる事業者を1

● JV（ジョイントベンチャー）

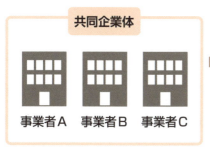

人定めて、所轄都道府県労働局長に届け出なければならないと規定しています。JVで発注される建設工事では、複数の事業者に所属する労働者が混在して作業を行うため、労働災害などの発生に備え、責任の所在を明確にしておく必要性があるためです。

　代表者を選定した場合は、共同連帯して請け負った作業開始日の14日前までに、共同企業体代表者（変更）届を、所轄労働基準監督署長を経由して、所轄都道府県労働局長に提出しなければなりません。代表者を変更した場合も、同様の手続きで所轄都道府県労働局長に提出することが必要です。代表者が選定されない場合や、代表者の届出がなされない場合は、所轄都道府県労働局長が代表者を指名します。

　JVの代表者は、出資の割合や工事の施工における責任の程度を考慮して選定されます。たとえば、JVの構成員に大手ゼネコン企業がいる場合は、その企業を代表者として定めることが考えられます。

　そして、JVの代表者を届け出た場合の労働安全衛生法の適用範囲としては、選定された代表者のみを事業者とみなし、各構成員に所属する労働者については、代表者が使用する労働者とみなして労働安全衛生法を適用するとされています。

8 危険や健康被害を防止するための事業者の措置

事業者が講じなければならない措置とは

　労働安全衛生法は、労働者を危険から守り、健康障害を防ぐために、事業者が講じるべき措置について、以下の規定を置いています。

① **機械等や爆発物などが原因で生じる危険からの防止措置**

　機械等（機械、器具その他の設備）による危険とは、たとえば、工場で機械的に運動する金属のプレス機に、労働者が巻き込まれないように安全措置を施すことをいいます。そして、爆発物などによる危険の例としては、ガソリンの引火による爆発などが挙げられます。

② **掘削や墜落などが原因で生じる危険からの防止措置**

　作業方法や作業場所が特殊であることが原因で生じる危険を防止するための安全措置を義務づけています。掘削は例示であって、事業者が安全管理を十分にしていたとしても、労働者が機械等の取扱いを誤ると深刻な危険が発生する場合全般が含まれます。墜落についても、労働者が墜落しやすい作業環境にいる場合に、事業者が講じるべき安全確保に必要な措置を義務づけています。

③ **健康障害に対する防止措置**

　作業に使用する原材料や、作業にともなう粉じん、放射線、騒音などから生じる健康障害防止のための安全措置を義務づけています。

④ **建設物などに対する措置**

　作業環境の安全性を確保するため、建設物などの作業場に対する安全措置を行うことを事業者に義務づけています。具体的には、作業場の通路、床、階段の保全の他、作業場の換気、採光、照明、保温、防湿などに必要な措置や、労働者の健康、風紀、生命保持のために必要な措置を規定しています。

● 危険や健康被害を防止するための事業者の措置

安全措置	内容など
① 機械等や爆発物などが原因で生じる危険からの防止措置	機械等や化学物質などに対する安全措置
② 掘削や墜落などが原因で生じる危険からの防止措置	特殊な作業方法や作業場所に対する安全措置
③ 健康障害に対する防止措置	作業時に発生する粉じんや騒音などに対する安全措置
④ 建設物などに対する措置	作業環境の安全性を確保するための建設物などの作業場に対する安全措置
⑤ 作業行動に関する措置	労働者が守るべき作業に対するリズムや要領についての労働者への働きかけ
⑥ 作業中止や退避などに関する措置	労働災害発生が急迫している場合に必要な措置
⑦ 重大事故発生時における安全確保のための措置	(建設業のみ) 重大事故発生時の機械の設置、救護訓練などの実施

⑤ **作業行動に関する措置**

　作業行動とは、職場における作業過程をいいます。たとえば、ベルトコンベアーで運ばれてきた重量物の取扱いを誤って、ケガなどの労働災害につながる場合があります。事業者としては、一定の作業リズム・要領について労働者に働きかける必要があります。

⑥ **作業中止や退避などに関する措置**

　事業場で火災が発生するなど、労働災害発生の危険が急迫している場合は、直ちに作業を中止し、建物から退避するなど、労働災害防止ために必要な措置を講じる必要があります。

⑦ **重大事故発生時における安全確保のための措置**

　建設業の場合、重大事故発生時に備えて、必要な機械等の設置・管理や救護訓練の実施などが義務づけられています。

9 建設業における救護措置

救護措置とは

　救護措置とは、火災・爆発などの事故発生時に、労働者を救出することをいいます。危険や健康被害を防止するために事業者が講ずべき措置の中に「重大事故発生時における安全確保のための措置」（⇨ P.71 の⑦）があります。これは事業者が救護措置をすることを前提に、救護措置にあたる他の労働者の安全を確保するため、必要な機械等の設置・管理や、救護訓練の実施などを義務づけた規定です。

　労働安全衛生法では、重大事故発生時における安全確保のための措置を、労働者がとくに危険な環境に置かれる建設業のうち、以下のどれかにあてはまる仕事を行う事業者に義務づけています。

① 　トンネル（ずい道）などの建設の仕事で、出入り口からの距離が1,000m以上の場所で作業を行い、深さ50m以上のたて坑（道路として使用されるものに限る）の掘削を行うもの

② 　圧気工法による作業（トンネルなどにおいて湧水を防ぐために圧縮した空気を注入して行う掘削作業）を行う仕事で、ゲージ圧力（圧力計などに示される数値）が0.1メガパスカル以上で行うもの

救護措置に必要な機械等や救護訓練とは

　救護措置に必要な機械等（機械、器具その他の設備）として、事業者は、空気呼吸器、酸素呼吸器、メタンや硫化水素、一酸化炭素、酸素濃度測定のための測定器具、懐中電灯などの照明器具を備え付けなければなりません。これらの機械等は、掘削作業を行うトンネルなどの規模に応じて、必要な個数や性能が異なることに注意が必要です。

　救護措置に関して必要な救護訓練については、備え付けられた機械

● **救護措置**

対象業務
- トンネルなどの掘削
  - 出入り口からの距離が1000m以上の場所で行う作業
  - 深さ50m以上のたて坑の掘削
- 圧気工法による作業を行う仕事
  - ゲージ圧力が0.1メガパスカル以上で行う作業

➡

機械等の設置・管理
空気呼吸器や照明器具など

救護技術管理者の選任
⇒ 3年以上の実務経験が必要

⇒ 事故発生時に労働者を救出 ＝ <u>**救護措置**</u>

等の使用方法に関する訓練の他、救急蘇生などの救急措置に関する事項も含まれます。

救護に関する技術的事項を救護技術管理者が管理する

　前述した「重大事故発生時における安全確保のための措置」の義務がある事業者は、救護措置に関する機械等の備付け時までに、救護に関する技術的事項を管理する救護技術管理者を選任しなければなりません。救護技術管理者は、以下の要件を満たし、厚生労働大臣が定める研修を修了した事業場に専属の者であることが必要です。

① トンネルなど（ずい道）の建設に関しては、3年以上のトンネルなど（ずい道）の建設の業務に従事した経験がある者
② 圧気工法による作業に関しては、3年以上の圧気工法による作業を行う業務に従事した経験がある者

　上記の要件の中で「経験がある」とは、該当する業務に直接的に従事していたことが求められます。たとえば、報告書の作成などについて該当する業務に関与していただけの者は、該当する業務に関する経験があるとは認められません。

10 建設現場などにおける事業者の義務

建設現場などにおける業務の危険性

　建設現場においては、労働者が足元の不安定な危険な場所で作業をする場合や、地上から離れた高所での作業をしなければならない場合が多いため、事業者が負うべき義務は極めて重要だといえます。

　おもに建設現場における危険な場所などでの業務として、暑熱・寒冷の著しい場所における業務、多量の高熱・低温物体や有害物を取り扱う業務、蒸気・粉じんが発散される場所における業務などがあります。建設現場での業務は、屋外で行われる場合は天候の影響を大きく受けるため、著しい温度変化の下での作業を強いられる他、強風などにあおられて足場が崩れたり、あるいは建築物が倒壊することによって、業務に従事する労働者が死傷するケースも少なくありません。

保護具の着用・装着をさせることが必要

　事業者は、上記の危険な場所などで従事する労働者に対し、保護具を準備するとともに、これを労働者に利用させることが義務づけられています。保護具とは、労働者が身につけると、労働災害や健康障害の防止効果が期待できる服装、眼鏡、マスクなどを指します。

　事業者は、保護具を労働者の人数分、あるいはそれ以上の人数分を準備しておく必要があります。以下では、業務内容に応じて、どのような保護具が必要になるのかについて見ていきましょう。

① おもな建設現場に共通の保護具

　建設現場で働く労働者は、大原則として、肌が露出していると危険であるため、腕まくりなどをせず、全身の肌を覆うことができる保護衣（作業着）の着用が求められます。そして、金属パイプなどの物体

● おもな保護具

保護具が必要な労働環境	必要になる保護具
建設現場に共通の保護具	作業着（保護衣） 保護帽
高さ２ｍ以上の場所での業務	墜落制止用器具（安全帯）
強烈な騒音の下での業務	耳栓
有機ガスを用いる業務	保護メガネ・防毒用マスク
粉じんの飛散がひどい業務	電動ファン付き呼吸用保護具

の飛来・落下を見越して保護帽の着用も必要です。保護帽は、破損していないことを確認の上、あごひもを結んで、飛来・落下の際の労働者の頭部への衝撃を和らげるため、ヘッドバンドが着用者の頭部に適合するように調整がなされていることも確認する必要があります。

② 墜落制止用器具（安全帯）

　高さ２ｍ以上の場所で足場の組立てなどの業務に従事する労働者に対し、事業者は、墜落制止用器具を着用させることが必要です。

③ 耳栓

　強烈な騒音が発生する場所での業務に従事する労働者に対し、騒音障害防止のため、事業者は、耳栓を装着させる必要があります。

④ 保護メガネ・マスク・呼吸用保護具など

　労働者が業務の中で有機ガスなどを用いる場合、有害物質の飛散に備えて、事業者は、保護メガネや防毒用マスクなどを着用させることが必要です。また、粉じんがひどい場所での作業は、重篤な呼吸器系疾患につながるおそれがあるため、粉じんを除去した空気の供給が可能な電動ファン付き呼吸用保護具を装着させる必要があります。

11 騒音・振動の防止対策

騒音障害防止のためのガイドライン

　職場における騒音の問題は、場合によっては、労働者の生命や身体に重大な影響をもたらすおそれがあります。たとえば、危険な重機を取り扱っている建設現場において、機械などのモーター音が鳴り響く環境下にさらされることで、労働者に聴力低下などの直接的影響が出る場合があります。

　一番恐ろしいのは、危険な機械が近づいているのに気づかず、機械に接触し、または巻き込まれるなどの事故が発生した場合です。事故によって労働者が命を落とすことも考えられます。そのため、騒音対策は事業者がしっかり取り組むべき課題のひとつといえます。

　そこで、厚生労働省は「騒音障害防止のためのガイドライン」を策定した上で、事業者が努めるべき騒音による健康障害防止を推進しています。

① ガイドラインの対象に含まれる騒音作業

　8種類の屋内作業場と、とくに騒音レベルが高いことが予想される52種類の作業場における業務が、「騒音作業」として、ガイドラインの対象に含まれます。たとえば、以下の作業が挙げられます。
・金属の研削などのために携帯用研削盤を用いた作業
・ボルトの締付けなどのためにインパクトレンチを用いた作業
・コンクリートブレーカーなどを用いる作業
・動力プレスにより鋼板の曲げなどをする作業

② 作業環境の測定

　作業場の騒音レベルは常に変化するのが通常であるため、最初に作業環境における騒音レベルを評価する必要があります。ガイドライン

● **作業環境の測定結果の評価**

		B測定点における測定結果		
		85 dB未満	85 dB以上 90 dB未満	90 dB以上
A測定の平均値	85 dB未満	第Ⅰ管理区分	第Ⅱ管理区分	第Ⅲ管理区分
	85 dB以上 90 dB未満	第Ⅱ管理区分	第Ⅱ管理区分	第Ⅲ管理区分
	90 dB以上	第Ⅲ管理区分	第Ⅲ管理区分	第Ⅲ管理区分

◆ 第Ⅰ管理区分：A測定・B測定いずれも85 dB未満
◆ 第Ⅱ管理区分：いずれかの測定結果が85 dB以上で、いずれも90 dB未満
◆ 第Ⅲ管理区分：いずれかの測定結果が90 dB以上

では、この際に用いる評価方法として、等価騒音レベルを測定するという方法を用います。等価騒音レベルとは、1つの作業場の複数のポイントにおける騒音レベルを一定時間計測し、その平均値を表した値です。等価騒音レベルの測定をする際は、A測定点とB測定点を設定します。A測定は、作業場を縦・横6m間隔に引いた交点をA測定点とし、それぞれのA測定点について床上1.2mから1.5mの間で測定を行います。これに対し、B測定は、騒音を発生する機械に接近した位置をB測定点とし、そこで測定します。それぞれの測定点では10分間の測定が必要です。そして、A測定点・B測定点における2つの測定結果に応じて管理区分が決定されます（⇨上図参照）。

③ **管理区分ごとに必要な騒音対策**

騒音対策は、音源対策、伝搬経路の対策、作業者に対する対策の大きく3つに分類されます。音源対策とは、発生源になる機械などの低騒音化や遮音などのために、防音カバーを取り付けるなどの対策を行うことです。伝搬対策とは、遮へいを設けて騒音が広がるのを防ぐ対

策です。そして、作業者に対する対策とは、物理的に作業者を騒音から遠ざけるための対策を指します。作業環境の測定結果により分類された、各管理区分に応じて、これらの3つの対策を効果的に組み合わせた対策を行うことになります。

具体的には、第Ⅰ管理区分の状態に作業環境を維持することが望ましく、第Ⅱ管理区分・第Ⅲ管理区分に分類された作業場所は、第Ⅰ管理区分（第Ⅲ管理区分については、まず第Ⅱ管理区分をめざすことになります）と評価されることをめざすことになります。区分された場所を明示するとともに、事業者は、労働者に対して、保護具を使用させなければなりません。騒音障害防止のための保護具として、以下のものを挙げることができます。

・耳栓

耳栓の素材には、グラスウールやウレタンフォームなどを耳に挿入するタイプのものと、ゴム製や軟質プラスチック製の形状が固定されたタイプのものがあります。

・耳覆い（イヤーマフ）

騒音をさえぎるために耳の周囲をクッションで覆うものです。クッションに液体が入ったタイプと発泡剤が入ったタイプがあります。

④ 健康診断や労働衛生教育

ガイドラインでは、騒音環境下で作業に従事する労働者に対し、健康診断の実施を求めています。具体的には、6か月以内に1回の定期健康診断を行い、聴力検査に異常が認められた労働者に対し、二次検査を行い、なお異常が認められた労働者には、事後的な措置として、防音保護具の使用や騒音の下での作業時間短縮などの措置を行う必要があります。これに対し、労働者自身も騒音対策の重要性を理解しておく必要があるため、労働者への労働衛生教育の実施も求めています。労働衛生教育においては、騒音が人体に及ぼす影響や防音保護具の使用方法などに関する教育が行われる必要があります。

チェーンソーを使用する場合の作業指針

　騒音による健康被害が多い作業として、チェーンソーを用いた作業が挙げられます。チェーンソーは、木材伐採などに用いられます。騒音以外にも、振動が身体に与える影響も大きいため、チェーンソーを用いた作業について「チェーンソー取扱い作業指針」が策定されています。作業指針の内容を見ていきましょう。なお、チェーンソー以外の振動工具を用いた作業については「チェーンソー以外の振動工具の取扱業務に係る振動障害予防対策指針」があります。

① チェーンソーの選定について

　作業指針によると、チェーンソーを選定する場合は、作業に必要最低限度で軽量なものを選定する必要があります。とくに防振機が内蔵され、振動や騒音が可能な限り少ないものの選定が求められます。

② 点検・整備

　騒音対策をはじめとする危険防止のため、定期的な点検や整備が必要です。具体的には、常に最良の状態に保つことを前提に、とくに騒音・振動と関連性が強い定期的な目立ての実施が求められます。

　チェーンソーを用いた伐採作業などを行う場合は、予備のチェーンソーを用意し、異常が認められれば、すぐに交換できるよう整えておく必要があります。チェーンソーの点検・整備については、振動工具管理責任者を選任の上、整備・点検の定期的な実施を確保し、その際の記録を保存しなければなりません。

③ 作業時間の管理

　チェーンソーを用いた作業は、連続して行うことにより健康被害が深刻化するという特徴を持ちます。そこで、1週間のうちにチェーンソーを使用しない作業日を確保するとともに、1日あたりのチェーンソーによる作業時間について、たとえば2時間以内に抑えるなど、基準を明らかにしています。

12 酸素欠乏や粉じんに対する対策

酸素欠乏危険作業と規制

　労働者が、マンホールの内部や地下室など、密閉された空間での作業を行う場合には、酸素欠乏症に注意しなければなりません。酸素欠乏症とは、酸素濃度が18％未満に陥った状態をいいます。通常の酸素濃度は21％程度ですが、3％減少することによって、生命の危機に陥ります。もっとも、酸素欠乏症は、適切な酸素濃度に関する測定と、換気や保護具の使用などによって、防止することが可能です。そのため、事業者は、労働者の安全を確保する措置の一環として、点検や必要な措置に関する義務を負います。

　酸素濃度の測定は、酸素検定器などを用いて行います。厚生労働省が策定した「作業環境測定基準」によって、測定地点を5か所以上設ける必要があります。

　また、事業者が酸素欠乏症の防止のためにとるべき措置については、酸素欠乏症等防止規則が規定を置いています。具体的には、酸素濃度が低下している場所においては、外部から酸素を供給するために、換気を行うことが義務づけられています。しかし、場所によっては換気を行うことが困難な場合もあります。そこで、換気が困難である場合には、労働者に保護具を使用させる必要があります。つまり、酸素濃度が低下した環境下で、労働者が業務に従事する場合には、事業者は、送気マスクや空気呼吸器を使用させなければなりません。

　さらに、労働者自身に対し酸素欠乏症を正しく理解させ、酸素欠乏症が原因で発生する労働災害を防止するため、事業者は、労働者に対し、酸素欠乏症の発生原因や基本的な対処法などについて、安全衛生教育のうち特別教育を実施する必要があります。

● 酸素欠乏に対する対策

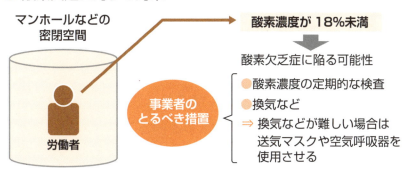

粉じんの濃度測定と対策

　岩石や鉱物などの掘削作業によって粉じんが発生します。労働者が粉じんを長時間吸入すると、将来的に、じん肺や肺ガンなどの重大な呼吸器疾患につながる場合があります。事業者としては、粉じんが多く発生する場所で労働者を従事させる場合には、とくに注意しなければなりません。

　労働安全衛生法は、粉じんが多く発生する屋内作業場での作業環境測定を事業者に義務づけています。具体的には、粉じん濃度などの調査を6か月に1度以上行わなければなりません。測定結果に関する記録は7年間の保存が必要です。さらに、粉じん障害防止規則は、事業者に対し、設備や作業方法の改善の他、必要な措置をとることを義務づけています。具体的には、粉じんが発生する場所では、送気マスクや電動ファン付き呼吸用保護具を使用させる必要があります。

　粉じんによる健康被害は長期的に進行し、じん肺や肺ガンなどにもつながるため、事業者は、労働者に対し定期的な健康診断（6か月以内に1回のじん肺健康診断など）を受診させなければなりません。粉じんによる被害の深刻さと基本的な対処方法を理解させるため、労働者に対し安全衛生教育の中の特別教育を行う必要もあります。

13 石綿対策

石綿の製造はなぜ禁止されているのか

　石綿とは、繊維状のけい酸塩鉱物のことで、**アスベスト**とも呼ばれています。石綿は、軽量で、変形が可能であり、音を吸収する性質を持つとともに、断熱性や耐火性もあるため、1970年代後半まで、多くの建築物の防音材や断熱材などとして、幅広く使用されてきました。また、酸やアルカリなどの化学物質による影響を受けにくいという特徴を持つことから、頻繁な建替えが予定されていない病院などの公共機関においても利用されていました。

　しかし、石綿は小さな粒上の形態で飛散しやすく、呼吸により人の肺などを通じて人体に吸入されるおそれがありました。また、鉱物であるため、人体に入った石綿は分解されることなく、肺などの細胞を損傷します。国際がん研究機関（IARC）は、石綿が発ガン性の最も高い物質のひとつであると勧告しています。現在では、石綿は「製造等の禁止」に該当する物質に含まれています（⇨ P.86参照）。

　そのため、石綿が使用された建築物の調査が広く行われ、使用されている石綿の除去作業が行われましたが、現在でも石綿を使用する建築物であることが判明するケースも少なくありません。すでに使用されている建築物などから石綿を取り除く作業を行う際、石綿が飛散することによって労働者の呼吸器官疾患の発症につながり、二次的な被害の問題も見過ごすことができません。

どんな規制があるのか

　石綿が原因で発症する恐れがある疾患として、おもに以下のものが挙げられます。

● 石綿とは

石綿（アスベスト）
⇒ 繊維状のけい酸塩鉱物であり、防音材や断熱材などとして利用

しかし…

石綿が飛散すると
⇒ じん肺や肺ガンなどの原因に
　∴石綿の製造等は禁止されている

⇒ 石綿の除去などの作業について、飛散防止のための事前調査、作業計画の策定、作業場の隔離・立ち入り禁止の措置などが行われている

・じん肺

　おもに石綿を10年以上吸入し続けた者に発症が認められる疾患で、肺が線維化するものです。潜伏期間が長期間で、石綿に接している期間だけでなく、その後も症状が進行するという特徴があります。

・肺ガン

　石綿の吸入と肺ガンの発症との間に相関関係があり、石綿が発ガン性物質であることは認められています。しかし、肺ガンに罹患するまでの詳細なメカニズムは、現在も不明な部分が多くあります。

・中皮腫（悪性中皮腫）

　肺の腹膜・胸膜・心膜に悪性の腫瘍（ガン）ができる疾患です。
　以上の疾患は、石綿を吸入した者が、その他の者に比べて多く発症することが認められているため、石綿の取扱いについては、さまざまな法的規制が設けられています。とくに石綿の製造等を禁止する労働安全衛生法や、石綿の飛散防止措置などを規定する石綿障害予防規則が重要です。たとえば、石綿の除去作業などにあたる労働者は、呼吸用保護具の着用が義務づけられています。以下では、石綿障害防止規則が規定する内容について、詳しく見ていきます。

事前調査

　石綿障害予防規則は、石綿がもたらす健康被害を考慮して、建築物の解体などを行う業種について、事前に石綿使用の有無などを目視や設計図などを通じて、事前に調査を事業者に義務づけています。そして、調査を終了した日時や、調査方法・調査結果について、労働者が見やすい場所に掲示することも必要としています。
　事前調査の対象に含まれる作業は、以下のとおりです。
① 　建築物、工作物、船舶の解体・破砕などの作業
② 　石綿除去などの作業のために、石綿の封じ込め作業や囲い込み作業など
　事前調査の結果、石綿が使用されているか否かが判明しない場合であっても、不用意に作業を実施させたことにより労働者が健康被害に遭うことを防止するため、事業者は、事前に石綿の使用の有無について、より科学的な分析調査を行う必要があります。つまり、その分だけ事業者のコストも手間もかかることになります。
　ただし、建築物や工作物、船舶などについて、石綿が吹き付けられていないことが明らかであると思われる場合に、分析調査を実施する義務を免れる場合があります。石綿が使用されているとみなして、マスクなどの呼吸用保護具を労働者に装着・着用させるなど、労働安全衛生法にもとづく措置を講じている場合は、分析調査を実施する必要はありません。

作業計画について

　石綿を扱う作業を行う場合には、その飛散に注意しなければなりません。そのため、とくに次のいずれかの作業を行う場合には、作業に先立って、作業計画を定めるとともに、その作業計画に沿って、作業を進行することが事業者に義務づけられています。
① 　石綿が使用されている建築物や工作物、船舶の解体などの作業

② 石綿の封じ込め作業や囲い込み作業

作業計画の中に必ず含まれていなければならない事項は、作業の具体的な方法や順序、石綿の飛散を防止・抑制するための方法、作業にあたる労働者が石綿などの粉じんを浴びる（ばく露する）ことを避けるための方法です。事業者は、作業計画の内容を実際に作業に従事する労働者に周知させなければなりません。

隔離や立ち入り禁止の措置

労働安全衛生法により、建築物などに対する使用を含めて、石綿の製造等（製造・輸入・譲渡・提供・使用）は禁止されています。しかし、石綿の除去作業にあたる場合は、労働者が石綿を取り扱うことになるため、作業に従事する労働者に対し、事業者が石綿から身を守るための措置を講じることは当然の前提になります。しかし、除去作業をする場所の周辺にも石綿が飛散するおそれがあります。

そのため、石綿障害予防規則は、石綿の建築物からの除去作業などを行っている場所においては、保温材などを引きはがすことで石綿が飛散するおそれが高いため、他の場所から隔離して作業を行わなければならないと規定しています。さらに、事業者は、石綿の除去作業などを行っている場所について、関係者以外の立ち入りを禁止し、そのことをわかりやすい形で明示することも必要としています。

なお、石綿の製造等は禁止されていますが、事業者が、試験や研究などの目的で、石綿の製造等をすることがあります。同様に、石綿分析用試料の製造等をする場合もあります。そのため、試験や研究の目的という例外的な事情があって、厚生労働大臣の許可を受ければ、製造等が許されます。このとき、製造等の許可を受けた試験や研究の場所については、立ち入り禁止措置などをとる必要があります。

14 有害物質に対する規制や対策

危険・有害物質にはどんな規制があるのか

　危険物・有害物とは、労働者に健康障害を生じさせるか、そのおそれがある物質をいいます。労働安全衛生法は、労働者に重度の健康障害が生じる危険物・有害物については、製造・輸入・譲渡・提供・使用（まとめて「製造等」といいます）を広く禁止しています。これにあてはまる物質を製造等禁止物質といいます。

　製造等禁止物質ほどは危険・有害でないものの、労働者に重度の健康障害が生じるおそれのある危険物・有害物については、厚生労働大臣が許可した場合にのみ製造を可能とする制度を採っています。これにあてはまる物質を製造許可物質といいます。

　その他、労働者に健康障害が生じるおそれがある物質は、譲渡・提供にあたって、容器・包装への表示などを義務づけています。

製造等禁止物質の種類

　労働安全衛生法・労働安全衛生法施行令は、以下の①〜⑦を**製造等禁止物質**としています。

① 黄りんマッチ
② ベンジジンおよびその塩
③ ４－アミノジフェニルおよびその塩
④ 石綿（石綿分析用試料等を除く）
⑤ ４－ニトロジフェニルおよびその塩
⑥ ビス（クロロメチル）エーテル
⑦ ベーターナフチルアミンおよびその塩
⑧ ベンゼンを含むゴムのり（含まれるベンゼンの容量がゴムのりの

● 危険物・有害物の譲渡・提供の際の表示など

危険・有害物に関する容器・包装への表示や文書の交付
① 危険物・有害物の名称
② 危険物・有害物が人体に与える作用
③ 貯蔵方法や取扱い上の注意事項
④ 表示を行う者の氏名（法人の場合は名称）・住所・電話番号
⑤ 危険物・有害物であることに関する注意を喚起する言葉 　（例）「危険」「警告」　など
⑥ 安定性や反応性 　（例）避けるべき条件として「衝撃」、混融危険物質　など
⑦ 注意を喚起するために厚生労働大臣が認めたマーク（標章）

　溶剤の5％を超える場合に限る）
⑨　②③⑤⑥⑦をその重量の1％を超えて含み、または④をその重量の0.1％を超えて含む製剤その他の物

　④⑦に関して、2018年6月以降、石綿分析用試料として用いられる石綿（原材料を含む）、または石綿の使用状況の調査に関する知識や技能の習得のための教育用に用いられる石綿（原材料を含む）は「石綿分析用試料等」として製造等禁止物質から除外されています。石綿分析用試料等が不足している現状を考慮した法改正です。

製造等禁止物質についての禁止行為とその例外

　労働安全衛生法は、製造等禁止物質について、その製造・輸入・譲渡・提供・使用を禁止しています。譲渡は、売買が典型例ですが、有償・無償を問わず、物質の所有権を相手に移転させる行為を広く含みます。提供とは、物質の所有権は自分に残したままで、物質を相手に手渡す行為を指します。たとえば、ある製品の塗装を業者に依頼する際に、使用する塗料を自分で用意し、これを業者に手渡し、残った塗料を返還してもらう場合があてはまります。このとき、塗料に製造等

禁止物質が含まれていると、その塗料の提供が禁止されます。

ただし、製造等禁止物質については、あらかじめ所轄都道府県労働局長の許可を得て、試験研究目的での製造・輸入・使用が例外的に認められます。つまり、製造等禁止物質の事業目的での製造・輸入・使用や、一切の譲渡・提供はできません。許可を得た場合は、厚生労働大臣が定める基準に従った製造・使用が義務づけられます。

製造許可物質とは何か

労働安全衛生法・労働安全衛生法施行令は、以下の①～⑨を**製造許可物質**としています。厚生労働大臣から製造許可を得るには、その計画について厚生労働大臣の審査を受け、製造設備、作業方法などが厚生労働大臣の定める基準に適合していることが必要です。

① ジクロルベンジジンおよびその塩
② アルファーナフチルアミンおよびその塩
③ 塩素化ビフェニル（PCB）
④ オルトートリジンおよびその塩
⑤ ジアニシジンおよびその塩
⑥ ベリリウムおよびその化合物
⑦ ベンゾトリクロリド
⑧ ①②③④⑤⑥をその重量の１％を超えて含み、または⑦をその重量の0.5%を超えて含む製剤その他の物
⑨ 石綿分析用試料等

危険物・有害物の譲渡・提供に際しての表示など

労働者が危険物・有害物を使用して作業をしている最中に、その危険性や有害性を知らずに使用方法を誤って、爆発や火災などによる労働災害が発生する危険があります。労働安全衛生法は、製造許可物質に加え、クロロホルムや水銀など、労働者に健康障害が生じるおそれ

がある物質を容器に入れ、または包装して譲渡・提供する者に対し、その容器・包装に一定の事項を表示する義務を負わせています。容器・包装以外の方法で譲渡・提供する場合には、一定の事項を記載した文書の交付が必要です。この表示や交付の義務は、有害物・危険物の販売業者だけでなく、個人が譲渡・提供した場合にも、その個人に対し表示や交付の義務が生じる点に注意が必要です。

ただし、医薬品・医薬部外品・化粧品など、一般消費者の生活の用に供するための製品として容器に入り、または包装されて譲渡・提供される場合は、一定の事項の表示が義務づけられません。

表示や交付の義務がある「一定の事項」は、図（⇨ P.87 参照）のとおりです。国際的には、安全データシート（SDS）という危険物・有害物や発ガン性物質などの有害性や危険性を表すマーク（どくろマークや火災のマークなど）とともに、取扱い上の注意点などを記載した容器・包装・文書が作成されるシステムがとられています。

なお、事業者には、表示や交付の義務の対象物質の危険性・有害性を調査する義務がある他、調査結果にもとづいて、労働者の危険や健康障害を防止する必要な措置をするよう努めなければなりません。

事業者は特殊健康診断をしなければならない

危険物・有害物を取り扱う業務の他、いくつかの疾病につながる業務に従事する労働者に対し、事業者は、一般健康診断に加え、特殊健康診断を受診させる必要があります。特殊健康診断は、雇入れ時、危険・有害業務に配置換えされた時の他、原則として6か月以内の定期に行う必要があります。

特殊健康診断の診断項目は、従事する危険・有害業務に関する特別な事項についてです。たとえば、ベンジジンなどを取り扱う業務に関する特殊健康診断においては、血尿、頻尿、排尿痛などの自覚症状や他覚症状の有無、尿沈渣検鏡の検査などが行われます。

15 作業現場における リスクアセスメント

リスクアセスメントとは

　リスクアセスメントとは、危険性・有害性が確認されている物質を扱う業務において、どの程度の危険や健康障害が労働者に発生するおそれがあるのかを見積もることをいいます。

　2019年1月現在、労働安全衛生法上のリスクアセスメントは673種類の化学物質について義務化されています。この673種類の化学物質は通知対象物と呼ばれています。それ以外の化学物質についても、事業者はリスクアセスメントを行うよう努めなければなりません。リスクアセスメントは、おもに以下の5つの手順をふまえて行います。

① 化学物質などの危険性・有害性の特定

　業務に使用している化学物質に記載されているラベルなどの表示をもとに、化学物質の危険性・有害性を特定します。

② リスクの見積もり

　特定した化学物質の危険性・有害性について、リスクの程度を評価する方法には、いくつかの手段があります。たとえば、マトリクス法と呼ばれる方法では、表の縦軸に、あらかじめ定められたリスクの発生可能性をとり、横軸にリスクが発生した場合の人体への影響の重大性をとることで、該当するリスクの発生可能性と影響から、具体的なリスクの高さを評価することになります。

③ リスクを低減する措置の検討

　特定した化学物質の危険性・有害性が認められた場合、よりリスクの低い化学物資への変更や、作業手順の変更などを検討します。

④ リスクを低減する措置の実施

　たとえば、よりリスクの低い化学物資へと変更する場合、変更後の

● リスクアセスメントの方法

【リスクの見積もり方法】
(例) マトリクス法：発生可能性がやや低く後遺障害の危険がある場合

		危険性・有害性の程度			
		死亡	後遺障害	休業	軽傷
危険性・有害性の発生可能性	高い	5	5	4	3
	やや高い	5	4	3	2
	やや低い	4	3	2	1
	低い	4	③	1	1

程度	対応の必要性
4～5	リスク低減措置が直ちに必要
2～3	リスク低減措置が必要
1～2	必要に応じてリスク低減措置を行う

化学物質により、客観的な数値などにおいて、リスクが軽減されていることを確認できなければなりません。

⑤ リスクアセスメント結果の労働者に対する通知

リスクアセスメントが義務化されている化学物質の名称、リスクアセスメントの対象業務の内容、リスクアセスメントの結果とそれにもとづく低減措置の内容を、労働者に通知しなければなりません。

事前届出が義務づけられている

労働者が負担するリスクを軽減する方法として、労働者にとって有害性・危険性がある作業に先立ち、事前に届け出る制度が採られています。つまり、危険・有害な作業内容に応じ、原則として、作業開始日の14日前までに、所轄労働基準監督署長（大規模な仕事の場合などは厚生労働大臣）に届出を行います。

16 特定機械等の安全確保のための規制

特定機械等とは

　特定機械等とは、とくに危険な作業が必要になる機械、器具その他の設備をいい、以下の8種類が指定されています。労働災害を防止するために、特定機械等については、さまざまな法的規制が設けられています。

① 　ボイラー（小型ボイラー等を除く）
② 　第一種圧力容器（小型圧容器等を除く）
③ 　つり上げ荷重が3 t 以上のクレーン（スタッカー式クレーンは1 t 以上から含まれる）
④ 　つり上げ荷重が3 t 以上の移動式クレーン
⑤ 　つり上げ荷重が2 t 以上のデリック
⑥ 　積載荷重が1 t 以上のエレベーター（簡易リフトや建設用リフトを除く）
⑦ 　ガイドレール等の高さが18m以上の建設用リフト（積載荷重が0.25 t 未満のものを除く）
⑧ 　ゴンドラ

特定機械等を製造するには製造許可が必要

　特定機械等を製造するためには、都道府県労働局長の許可が必要です。製造許可基準としては、構造が各特定機械等の構造規格に適合すること、製造や検査のための設備が一定の要件を満たすこと、主任設計者・工作責任者・工作者などが一定の資格要件を満たすことが必要です。ここで「構造規格」とは、厚生労働省告示の形式で示されており、たとえば「ボイラー構造規格」などが挙げられます。

● 特定機械等に関する規制

特定機械等

都道府県労働局長の製造許可が必要な機械等

ボイラー、第一種圧力容器、クレーン、移動式クレーン、デリック、エレベーター、建設用リフト、ゴンドラ

都道府県労働局長・労働基準監督署長などの検査

製造時、輸入時、設置時、再設置・再使用時、主要部分の変更時、使用再開時に検査が必要

※検査後に交付される検査証は有効期間の経過に注意が必要

都道府県労働局長による検査が必要な場合

　特定機械等は製造した後も、諸々の段階において検査を受けることが必要です。このうち都道府県労働局長（登録製造時等検査機関が行う場合もあります）の検査は、製造をした時（製造時検査）、輸入をした時（輸入時検査）、一定期間経過後の設置や再設置・再使用をしようとする時（再使用時検査）に行われます。ただし、前述した特定機械等のうち、③クレーン、⑤デリック、⑥エレベーター、⑦建設用リフトは、都道府県労働局長の検査の対象から除外されます。

　再使用時検査は、特定機械等について製造時検査や輸入時検査を受けた後、一定期間を経過しても設置しない場合に、これを設置しようとする時に受ける検査です。「一定期間」とは、ボイラー、第一種圧力容器、ゴンドラの場合は１年間、移動式クレーンの場合は２年間を原則とします。その他、再使用時検査は、特定機械等の使用を廃止した後、再使用や再設置をしようとする時も行われます。

労働基準監督署長による検査が必要な場合

　特定機械等については、設置をした時（落成検査）、主要部分に変更を加えた時（変更検査）、使用休止後に再使用をしようとする時

（使用再開検査）に、労働基準監督署長の検査が行われます。

落成検査は、前述した特定機械等のうち、①ボイラー（移動式のものに限ります）、④移動式クレーン、⑧ゴンドラといった移動式の特定機械等は対象外です。これらの特定機械等は「設置」というものを想定することができないからです。

これに対し、変更検査の場合は、移動式であるか、固定式であるかを問わず、すべての特定機械等が対象になります。

使用再開検査は、前述した特定機械等のうち、⑧建設用リフト以外の特定機械等で、使用を開始したが、いったん使用を休止していた場合について、再び使用を開始する時の検査です。

検査証について

検査証とは、特定機械等について、定められた検査を受けたことを証明するための書類をいいます。検査証は、特定機械等がはじめて使用される直前に受けた検査の実施機関から交付されます。

具体的には、製造時検査・輸入時検査・再使用時検査に合格した移動式の特定機械等については、検査を実施した都道府県労働局長または登録製造時等検査機関が検査証を交付します。これに対し、落成検査に合格した特定機械等については、労働基準監督署長が検査証を交付します。そして、変更検査や使用再開検査に合格した特定機械等については、検査証の裏側に、労働基準監督署長によって合格した事実や検査日時などが記載されます（検査証の裏書）。

ただし、特定機械等は、使用を継続することで、徐々に劣化していくとともに、安全性能が衰えていくおそれもあります。そこで、検査証には有効期間が設けられています。有効期間は更新することが可能で、その際には「性能検査」を受ける必要があります。具体的な有効期間は、以下のように、特定機械等ごとに異なります。

> ・有効期間1年：ボイラー、第一種圧力容器、ゴンドラ
> ・有効期間2年：クレーン、移動式クレーン、デリック
> ・有効期間が設置後使用廃止までの間：建設用リフト

　有効期間が経過すると、検査証の効力が失われるとともに、性能検査によって有効期間の更新を行うことができなくなります。有効期間を経過した後に、あらためて検査証の交付を受けるためには、特定機械等の種類に応じて、都道府県労働局長、登録製造時等検査機関、労働基準監督署長による検査に合格することが必要です。

特定機械等の使用・譲渡・貸与に関する制限

　特定機械等は、とくに労働者に対する危険性が認められるため、前述したように、製造許可制度や、諸々の段階における検査制度が設けられています。

　これらの制度には、欠陥が認められる特定機械等が使用されることを防ぐという目的があります。そのため、検査証の交付を受けていない特定機械等（検査証の裏書を必要とする場合に、これを受けていない特定機械等を含みます）の使用は禁止されています。

　検査証の交付を受けているということは、その特定機械等の安全性が保証されていることを意味します。一方、検査証の有効期間が経過している場合は、検査証の交付を受けていない特定機械等と同じ扱いがなされ、その特定機械等を使用することは禁止されます。

　さらに、特定機械等を売買などによって他人に譲渡する場合や、他人に貸与する場合、検査証と別にこれらの行為を行うと、特定機械等の安全性の確認ができなくなります。そのため、特定機械等の譲渡や貸与をする際には、必ず検査証とともに行うことが義務づけられています。つまり、検査証がない特定機械等の譲渡や貸与はできません。

17 建設工事で使用する機械等の安全確保措置

車両系建設機械使用時の安全確保措置

　車両系建設機械は、特定機械等にあたらなくても、とくに建設工事に従事する労働者にとって危険なものです。敷地・運搬・積込み用機械、掘削用機械、基礎工事用機械など、6種類に分類することができます（さらに詳しい分類については⇨P.97 図参照）。

　車両系建設機械については、労働安全衛生法が定める就業制限が適用されます。そのため、一定の大きさ以上の車両系建設機械を運転する労働者は、運転する車両系建設機械に応じて、所定の免許を取得しているか、または都道府県労働局長の登録を受けた者が行う所定の技能講習を修了していることが必要です。

　実際の使用にあたっても、労働安全衛生規則により、従わなければならないルールがあります。まず、岩石などの落下の危険がある場合には、堅固なヘッドガードを取り付けなければならず、車両用機械自体が転倒・転落のおそれがあるため、路肩の崩壊や地盤の不同沈下を防ぐとともに、必要な幅員を確保する必要があります。

　そして、車両系建設機械に労働者が接触すると、労働災害が発生するおそれがあるため、誘導員を配置するなどして、接触の危険性がある場所に労働者を立ち入らせないことが必要です。なお、運転手が車両系建設機械から離れる際、誤作動などによって他の労働者に接触しないように、ジッパーなどの作業装置を確実に下ろしたり、原動機の停止・ブレーキの確認をすることが求められます。

　その他、車両系建設機械の運転開始前は、ブレーキなどの重要な個所をチェックする必要があります。それ以外にも、安全性を点検する目的で、事業者は定期的に自主検査を行う必要があります。これを定

● 車両系建設機械

車両系建設機械の分類	具体例
① 敷地・運搬・積込み用機械	ブルドーザー、モーターグレーダー、トラクターショベル、ずり積機、スクレーパー、スクレープドーザー　など
② 掘削用機械	パワーショベル、ドラグショベル、ドラグライン、クラムシェル、バケット掘削機、トレンチャー　など
③ 基礎工事用機械	くい打ち機、くい抜き機、アースドリル、リバースサーキュレーションドリル、せん孔機、アースオーガー、ペーパードレーンマシーン　など
④ 締固め用機械	ローラー　など
⑤ コンクリート打設用機械	コンクリートポンプ車　など
⑥ 解体用機械	ブレーカ　など

期自主検査といい、点検結果の記録は3年間の保存義務があります。

　さらに、重大な事故を引き起こす可能性がある機械で、検査に専門的な技術などが必要なものは、資格を保有する労働者または検査業者によって特定自主検査が行われます。特定機械等にあたらない車両系建設機械は、基本的に1年に1回ごとの特定自主検査が義務づけられています。

くい打ち機を使用した作業の安全確保措置

　くい打ち機とは、基礎くいなどを用いて、おもに建設工事において基礎を造成するための機械をいいます。労働安全衛生規則では、動力を用いるくい打ち機に加え、動力を用いるくい抜き機、ボーリングマシンの機体について、事業者に対し安全確保措置を求めています。

　具体的には、倒壊防止のための措置などが必要です。軟弱な地盤のにくい打ち機などを据えつける場合は、敷板や敷角などの使用が必要

になる他、くい打ち機などの脚部や架台が滑る可能性があれば、くいやくさびなどを使用して固定する必要があります。また、くい打ち機などが使用目的に適応した必要な強度をもっていることや、著しい損傷、摩耗、変形、腐食がないことも必要です。

玉掛け作業の安全確保措置

　玉掛け作業とは、クレーンなどのフック（荷物を吊るす器具）に荷物をかけたり、外したりして行う荷物運搬作業のことを指します。

　玉掛け作業の安全性を図る基準として、安全係数と呼ばれる数値があります。安全係数とは、物に力が加わっても安全に使用することができる力（許容応力）と、物に力が加わっても破壊されずに持ちこたえることができる力（破壊応力）の比率を指します。

　クレーン等安全規則によると、玉掛け用具の安全係数について、ワイヤロープの安全係数は6以上、つりチェーンの安全係数は5または6以上、フックなどの安全係数は5以上必要と規定されています。

　使用するワイヤロープについて、不適格なものを使用することは許されません。具体的には、1よりのロープの鋼線（素線）の10％以上が断線しているワイヤロープを使用することはできません。もともとの太さ（公称径）の7％以上減少しているワイヤロープや、よじれている（キンク状態）ワイヤロープを使用することも許されません。

　そして、作業開始前は、玉掛け用具の異常の有無について点検を行わなければならず、異常を発見した場合は、直ちに補修が必要です。

　玉掛け作業についても就業制限があることに注意が必要です。吊り上げ荷重が1t以上の玉掛け作業を行う労働者は、所定の技能講習を修了していなければなりません。これに対し、吊り上げ荷重が1t未満の玉掛け作業を行う場合には、技能講習は不要ですが、所定の特別教育を修了していなければなりません。

● **玉掛け作業における安全確保**

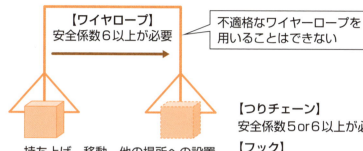

移動式クレーンを使用する作業の安全確保措置

　移動式クレーンについては、定期自主検査として、1か月に1回の月例検査（月次検査）を実施することなどが必要です。おもな検査項目は、以下のとおりです。なお、特定機械等にあたる移動式クレーンは、2年ごとに定期の性能検査も必要です。

・巻過防止装置などの安全装置、過負荷警報装置などの警報装置、ブレーキやクラッチの異常の有無
・フックなどの吊り具の損傷の有無
・配線、配電盤、コントローラーの異常の有無

　そして、実際の作業開始前には、誤操作や故障などによる労働災害防止のため、巻過防止措置、ブレーキ、クラッチ、コントローラーの機能について点検しなければなりません。

　移動式クレーンの運転についても、就業制限があることに注意が必要です。具体的には、吊り上げ荷重が1t未満の場合は、特別教育の修了者であることが必要です。これに対し、吊り上げ荷重が1t以上5t未満の場合は、小型移動式クレーン運転技能講習の修了者であることが必要です。さらに、吊り上げ荷重が5t以上になる場合は、移

動式クレーン運転士免許の取得者であることが必要です。つまり、荷重が増加するほど、取得要件の厳しい資格が求められています。

その他、移動式クレーンで物を吊り上げている状態の時に人が近づいた場合、吊り上げられた物の落下によって、下にいる人に重大な被害が発生することになりかねません。そこで、次のいずれかにあてはまる場合は、労働者などが移動式クレーンの下に立ち入ることがないよう徹底する必要があります。一方、移動式クレーンの運転者は、物を吊り上げた状態で、運転席を離れることは許されません。

① ハッカーによって玉掛けを行った物が吊り上げられている状態のとき
② つりクランプ1個を使用して玉掛けを行った物が吊り上げられている状態のとき
③ ワイヤーロープの1か所に玉掛けを行った物が吊り上げられている状態のとき
④ 複数の物が一度に吊り上げられている状態で、それぞれの物が固定されていない状態のとき
⑤ 磁力や陰圧によって吸着させる吊り具や玉掛け用具を使用して物を吊り上げている状態のとき
⑥ 吊り上げた物について、動力以外の方法で降下させるとき

エレベーターを使用する作業の安全確保措置

労働安全衛生法上のエレベーターには、私たちが日常的に使うかご形式のエレベーターの他に、工事用のエレベーターも含みます。

エレベーターについては、定期自主検査として、1か月に1回の月次検査などを行う必要があります。特定機械等にあたるエレベーターについては、1年に1回の性能検査も行うことも必要です。

エレベーターを使用する際は、作業場所にエレベーター検査証を備えつけて、エレベーターのファイナルリミットスイッチ、非常止めそ

の他の安全装置が有効に作用するような調整を行うことが必要とされています。その他、エレベーターに、その積載荷重を超える荷重をかけて使用することや、不適合なエレベーターを使用することが禁止されています。

建設用リフトを使用する作業の安全確保措置

建設用リフトとは、建設現場などにおいて、物のみを運搬するエレベーターのことを指します。物の昇降はボタン操作によって行うことができるため、操作は比較的簡単です。ただし、物が落下した場合に発生する危険が重大であるため、原則として、建設用リフト運転特別教育を修了した者のみが操作することが許されます。

建設用リフトを使用する際は、巻上げ用ワイヤーロープの巻過に注意しなければなりません。また、エレベーターと同じく、定期自主検査として1か月に1回ごとの月次検査などが必要ですが、特定機械等にあたる建設用リフトについては、性能検査は不要です。

ゴンドラを使用する作業の安全確保措置

ゴンドラとは、吊り足場の作業床が昇降装置により上昇・下降する設備をいいます。ゴンドラを使用する際は、吊り足場の作業床が不安定になり、労働者がケガなどをしないように、作業床に脚立やはしごなどを使用することが禁止されています。

さらに、ゴンドラに搭乗する労働者の落下防止措置として、墜落制止用器具（安全帯）、命綱、保護帽などの着用が必要です。ゴンドラ自体が落下して、他の労働者に危害が及ばないように、ゴンドラの下に他の労働者が入り込むことはできません。

定期自主検査については、エレベーターなどと同じく、1か月に1回ごとに実施する月例検査を行う必要があり、また特定機械等にあたるゴンドラは1年に1回の性能検査が必要です。

18 作業環境を確保するための措置

地山の掘削工事の安全確保措置

　地山(じやま)とは、トンネルの掘削などを行う対象の山をいいます。人工物ではないため、掘削作業を行うことで、崩壊したり埋設物を損傷してしまったりして、掘削作業に当たっている労働者が生き埋めになるなどの危険にさらされるおそれがあります。

　そこで、事業者としては、作業をする地山やその周辺環境の調査を行い、労働者の安全性を確保した上で、掘削工事に適した時期や順序を決定する必要があります。具体的には、以下の調査を行います。

① 形状・地質・地層の状態の調査
② 亀裂・含水・湧水・凍結の有無や、これらがある場合には、その状態の調査
③ 埋設物などの有無や、埋設物がある場合にはその状態の調査
④ 高温ガス・蒸気の有無や、これらがある場合にはその状態の調査

　事業者は、実際に掘削作業（明り掘削）を行う場合、1日の作業開始前に加え、1日の作業途中でも大雨が降った後や中規模以上の地震が発生した後は、自ら指名した点検者に対し、作業場所やその周辺の地山について、浮石、亀裂、含水、湧水、凍結の状態の変化の有無を点検させる必要があります。

　そして、労働者の安全確保のため、掘削作業に従事する労働者には保護帽を着用させなければならず、作業場所については、労働者が安全に掘削作業にあたるために必要な照度（明るさ）を保持しなければなりません。その他、掘削作業を行う場所で、あらかじめ地山の崩壊や土石の落下などが予想される箇所がある場合には、土壁の前に鉄板や木板を設けて土石の流出を防ぐ（土止め支保工）、防護網を張る、

● **足場の組立ての安全確保のための措置**

① 足場の組立て、解体、変更の時期・範囲・順序を、作業に従事する労働者に周知すること		
② 足場の組立て、解体、変更を行う区域に、作業にあたらない労働者の立入りを禁止すること		
③ 強風・大雨・大雪など天候の悪化に伴い、作業に危険があることが予想される場合に、作業を中止すること		
④ 足場材の緊結、取外し、受渡しに際する労働者の墜落防止措置		幅40㎝以上の作業床を設けること
		墜落制止用器具（安全帯）を取り付けるための設備を設置し、墜落制止用器具の使用を労働者に義務づけること
⑤ 材料・器具・工具などの昇降を行う際に、吊り網・吊り袋などの使用を義務づけること		

労働者の立入りを禁ずるなどの措置を講じる必要があります。

また、地山の掘削・土止め支保工作業主任者技能講習を修了している者の中から、地山の掘削作業主任者を選任し、掘削作業の指揮、器具や工具の点検による不良品の除去、墜落制止用器具（安全帯）や保護帽の使用を監視させることが事業者に義務づけられています。

足場の組立ての安全確保措置

建設工事などを行う際に、作業に必要な経路を確保するため、足場を組み立てる場合があります。しかし、足場を適切に管理しなければ、労働者が足場から転落してしまう可能性があります。

そこで、事業者としては、足場を組み立てたり、解体・変更するにあたり、さまざまな措置を講じる義務を負います。そして、つり足場などにおいて労働者が1日の作業を開始する前に、足場の異常の有無を確認し、異常がある場合は直ちに補修する必要があります。

また、足場組立て等作業主任者技能講習の修了者の中から、足場組立等作業主任者を選任し、材料の点検による不良品の除去、器具・工

具・墜落制止用器具（安全帯）・保護帽の機能の点検による不良品の除去、作業方法の配置や作業の進捗状況の監視、墜落制止用器具・保護帽の使用状況の監視などを行わせます。

2m以上の高所からの墜落による危険防止措置

　高さが2m以上ある箇所で労働者が作業に従事しなければならない場合には、作業床の設置が義務づけられています。

　しかし、作業箇所によっては作業床の設置が困難な場所もあります。そこで、作業床の設置が困難な場所では、ロープにより身体を保持することで、作業に従事させるという運用が行われてきました。しかし、単にロープが体を保持するだけの構造では、ロープが外れたり、切れたりすることによって、労働者が墜落し、場合によっては死亡するというケースもありました。

　そこで、2016年1月以降、身体を直接保持するロープ（メインロープ）と、それ以外の墜落制止用器具を取り付けるためのロープ（ライフライン）を取り付けることが必要になりました。事業者としては、メインロープやライフラインなどについて、さまざまな措置を講じる義務を負います（具体的な措置について⇨P.105図参照）。

高所作業車使用時の安全確保措置

　高所作業車とは、作業床が2m以上の高さに上昇可能な昇降装置、自走する走行装置などにより構成される、さまざまな場所での高所作業を行うことを可能にする自走式の機械をいいます。

　事業者は、高所作業車に前照燈や尾燈を備え付けなければなりません。また、転倒や転落により労働者が危険にさらされることがないように、車体を安定させるアウトリガーを最大に張り出させるとともに、地盤の不同沈下や路肩の崩壊などに注意する必要があります。

　労働者が高所作業車を用いて作業を行う場合には、作業指揮者を選

● 2m以上の高所からの墜落防止のための措置

メインロープ・ライフラインなどの強度について	メインロープ・ライフラインなどは、十分な強度を持ち、著しい損傷・摩耗・変形・腐食がないこと
メインロープ・ライフラインに対する措置	① メインロープ・ライフラインは、作業箇所上方の堅固な支持物に緊結すること
	② メインロープ・ライフラインは、労働者が安全に昇降できる十分な長さがあること
	③ メインロープ・ライフラインが突起物などに接触する場合には、切断を防止するための措置をとること
	④ 身体保持器具はメインロープに確実に取り付けること

定し、作業の指揮をとらせるとともに、作業床で作業を行う労働者と作業床を操作する労働者との間で、的確な意思の疎通がとれるように、一定の合図を定め、安全を確保しなければなりません。なお、作業床に労働者が乗ったまま高所作業車を走行させることや、作業中に運転席や作業床以外の場所に、労働者が搭乗することがあってはなりません。

作業構台での作業の安全確保措置

　作業構台とは、建設作業などのために、仮設の支柱や作業床などにより作った、高さが2m以上の設備をいいます。不安定な作業構台では作業に従事する労働者が危険にさらされるため、事業者としては、作業構台について激しいねじれやたわみなどが生じないように、丈夫な構造を採用しなければなりません。

　その他にも、事業者は以下の措置をとることが必要とされます。
① 　作業構台の支柱は、滑動や沈下の防止のため、設置する場所の地

質の状態に合わせた根入れを行い、支柱の脚部に根がらみを設け、敷板・敷角などを使用すること
② 支柱やはりなどは、接続部、緊結部、取付部の変位や脱落を防止するために、緊結金属などを用いて堅固に固定すること
③ 高さが2m以上の作業床の床材間の隙間は、3cm以下に抑えなければならないこと
④ 高さが2m以上の作業床の端で、労働者が墜落するおそれなどがある場所には、手すりや中桟(なかざん)などを設置すること

さらに、1日の作業構台での作業開始前に、作業床の手すりや中桟などの脱落の有無を点検することに加え、作業途中であっても大雨や中規模地震が発生した場合は、支柱の状態などを点検し、異常がある場合は直ちに補修しなければなりません。

作業のための通路の安全確保措置

事業者は、作業場に通じる場所や、作業場内に、労働者が使用する通路を設けるとともに、常に安全性を保持する義務を負います。たとえば、通路の交通を妨げない範囲で、採光や照明が十分に確保できるように配慮する必要があります。

作業場の床面は、つまづきやすかったり、滑りやすい状態で放置してはならず、用途に応じた幅が確保されていること、高さ1.8m以内に障害物がないことを確認しなければなりません。

さらに、作業の内容として、危険物や爆発物・発火性のある物質を用いる場合には、非常事態に安全な場所に避難することができる出入口を2か所以上設ける必要があります。

コンクリート造りの工作物の解体作業の安全確保措置

コンクリート造りの工作物を解体・破壊する作業を行う場合、事業者としては、落下・飛来したコンクリートなどにより労働者が負傷す

ることがないよう注意しなければなりません。具体的には、以下の措置をとる必要があります。
① 作業区域内は関係者以外の労働者の立ち入りを禁止すること
② 強風・大雨・大雪など、悪天候のために作業に危険があることが予想される場合には、作業を中止すること
③ 器具・工具の昇降の際には、吊り網・吊り袋を用いること
　さらに、コンクリート造りの工作物の解体等作業主任者技能講習を修了した者の中から、コンクリート造りの工作物の解体作業主任者を選任しなければなりません。

橋梁・架設の作業の安全確保措置

　コンクリート造りの橋梁の上部構造のうち、高さが5m以上のものであるか、または橋梁の支間が30m以上あるものを架設する作業を行う場合には、コンクリート造りの工作物を解体・破壊する作業を行う場合に類似した措置をとることが必要とされます。
　その他には、架設用の設備の落下などにより、労働者がケガをするおそれがある場合には、控えの設置や補強材の取付けなどを行わなければなりません。コンクリート橋梁架設等作業主任者技能講習を修了した者の中から、コンクリート橋梁架設等作業主任者を選任することも必要です。

型枠支保工の作業の安全確保措置

　型枠支保工とは、コンクリートを打設するための型枠を支持するための仮設の設備をいいます。型枠支保工の組立て作業について、事業者は、支柱の沈下を防ぐため、敷角の使用やくいの打ち込みを行う、支柱の脚に根がらみなどを取り付けて滑動を防止する他、支柱に用いる材料に応じて必要な措置を講じる必要があります。

19 ずい道における危険防止措置

ずい道（トンネル）の建設工事の作業内容

　ずい道とはトンネルのことです。労働安全衛生規則は、以下のずい道の建設作業に関する危険の防止について規定を置いています。

① 　ずい道の掘削作業

　ずい道の掘削作業とは、掘削用機械を用いて、掘って穴をあけるための作業をいいます。もっとも、切羽（山岳トンネル工事現場における掘削の最先端）の掘削は、原則として、ずい道の掘削作業に含まれません。しかし、切羽では地山が露出していることから、その掘削によって掘削面から岩石などが落下し（肌落ち）、労働者の負傷や死亡といった労働災害が相次いでいます。

　そこで、2016年に「山岳トンネル工事の切羽における肌落ち災害防止対策に係るガイドライン」が策定された後、2018年に所要の改正が行われ、危険防止に対する労働者への周知・徹底を求めています。

② 　ずい道支保工の組立て

　ずい道における落盤や肌落ちなどを防ぐため、上下左右からの荷重に耐える仮設構造物の設置をする作業をいいます。

③ 　ずい道の覆工

　ずい道をコンクリートで覆うときに、コンクリートを打設するための支えになるずい道型枠支保工などを設置する作業をいいます。

落盤・地山崩壊の防止措置

　ずい道の建設作業にあたる労働者にとって最も危険なのは、天井や壁の崩壊による落盤や岩石などの落下による肌落ちです。事業者としては、落盤や肌落ちの危険がある場合、ずい道支保工を設け、岩盤内

● ずい道等の掘削等作業主任者

必要な資格	ずい道等の掘削等作業主任者技能講習を修了した者 ⇒修了者の中から事業者が選任する
おもな職務	① 作業方法や労働者の配置の決定、作業の直接的な指揮
	② 器具、工具、墜落制止用器具、保護帽の機能の点検と不良品の除去
	③ 墜落制止用器具、保護帽の使用状況の監視

にボルトを差し込んで（ロックボルト）岩盤の脱落を防ぐとともに、浮石を落とすなどの危険防止措置をとる義務を負います。とくに出入り口付近で落盤や肌落ちが起きると、労働者は避難経路を失い、被害拡大のおそれが高まるため、出入り口付近に土止め支保工を設置し、防護網を張るなどの措置をとる必要があります。

　また、ずい道の建設作業にともない、ずい道内に排気ガスや粉じんなどが充満し、十分な視野が確保できず、労働者が危険にさらされる場合があります。そこで、労働者の視野を確保するため、換気を行うことで排気ガスの充満を防ぎ、粉じんについては水をまくことで視野の保持に必要な措置をとらなければなりません。

　さらに、ずい道の建設にあたる関係労働者以外の労働者が二次的被害に遭わないように、①浮石の除去が行われている箇所やその下方で浮石の落下の危険がある場所や、②ずい道支保工の補修作業などが行われている箇所で落盤などの危険性がある場所に対する、関係労働者以外の者の立ち入りを制限しなければなりません。

　事業者は、上図の職務を担当する「ずい道等の掘削等作業主任者」を選任しなければなりません。また、ずい道の覆工を行う場合は「ずい道等の覆工作業主任者」の選任が必要です。

20 危険・有害な化学物質の取扱い

危険・有害な化学物質についての規制

　危険・有害な化学物質を取り扱う業種においては、その取扱いを誤ると、労働者に深刻な健康障害（健康被害）が生じるおそれがあります。化学物質が原因で生じる健康障害には、たとえば、中枢神経系への麻酔作用として、頭痛やめまいの他、ひどい場合には化学物質を吸入した労働者が失神するケースなどが挙げられます。

　労働者の健康を確保するため、労働安全衛生法は、危険・有害な化学物質について、製造等（製造・輸入・譲渡・提供・使用）を禁止したり、製造について許可制を採用したりするなど、化学物質に関する規制を設けています。そして、事業者は**作業指揮者**を選任し、化学物質の製造や取扱いの作業の指揮をさせるとともに、図（⇨ P.111）の業務を担当させる必要があります。

製造等禁止物質と製造許可物質

　危険・有害な化学物質のうち、黄りんマッチ、石綿などは製造等禁止物質（⇨ P.86 参照）にあたり、試験研究目的を除いた製造等が禁止されます。しかし、危険・有害な化学物質について製造等が広く禁止されてしまうと、作業の選択肢が狭まることになりかねません。

　そこで、ジクロルベンジジンなどの化学物質は、製造許可物質（⇨ P.88 参照）にあたるとして、あらかじめ厚生労働大臣の許可を受けることを条件に、試験研究目的以外であっても製造を行うことができるとされています。

　この許可に関する厚生労働大臣の審査に際しては、健康障害を防止するのに十分な製造設備を持っているか、製造作業の方法は安全とい

● **作業指揮者の業務**

	主な内容
主要な業務	危険物の製造・取扱い場所の設備などの点検と異常への対応
	危険物の製造・取扱い設備などがある場所の温度・湿度・遮光・換気の状態の点検と異常への対応
	危険物の取扱い状況全般に対する点検と異常への対応
	行った措置に対する記録
火災防止措置	労働者に対する消火設備の設置場所・使用方法の周知
	作業状況の監視と異常への対応
	作業終了後の火花などの火災原因の有無の確認

えるか、安全性を保つ設備などの状態を維持し続けることができるか、などの観点から、許可をするか否かが審査されます。製造許可物質の製造許可を受けるためには、労働安全衛生法や特定化学物質障害予防規則などが定める危害防止基準をクリアする必要があります。

　注意しなければならないのは、事業者に限らず、製造許可物質を製造しようとする個人も、事前に製造許可を受ける必要があるということです。複数の製造設備を持つ事業者は、事業者が1つの製造許可を取得しているのでは足りません。製造許可物質を製造する工場設備などのプラントごとに、厚生労働大臣の許可を得なければなりません。

製造許可を受けるための基準

　製造許可物質の製造許可を申請する場合は、特定化学物質製造許可申請書に、生産計画・製造方法・保護具などの事項を記入し、所轄労働基準監督署長を通じて厚生労働大臣に提出します。許可を得るのに必要な危害防止基準の一例として、以下の事項があります。

① **製造設備の設置**

　化学物質を製造するための専用の設備を設置しなければならず、化

学物質を取り扱う場所は、化学物質が飛散した場合に備えて、床が不浸透性の材料により作られていなければなりません。また、他の作業場所から隔離されている必要があります。

② **製造設備の構造**

化学物質を製造する設備は、密閉式の構造であり、原材料などの送給・移送・運搬にあたり、作業にあたる労働者が、直接化学物質に触れることがない方法により行わなければなりません。

③ **化学物質の漏えいの防止**

化学物質の反応槽は、発熱・加熱反応により、撹拌機などの軸にあたるグランド部分から、ガスなどが漏えいしないように接合部分を密着させなければなりません。また、異常反応により原材料などがあふれ出ないように、蒸気の凝縮に必要なコンデンサーに十分な冷却水を通しておかなければなりません。

④ **機器を覆っている部分の構造**

ふるいわけ機や真空ろ過機の稼働中に、機器の内部を点検する必要がある場合には、機器を覆っている部分は、密閉された状態でも内部を観察できる構造を採用するとともに、施錠する必要があります。

⑤ **労働者が化学物質を取り扱う場合**

労働者が、化学物質を取り扱う作業を行う場合、原則として、化学物質は隔離室に置き、遠隔操作により行わなければなりません。

⑥ **遠隔操作が難しい場合の作業方法**

化学物質の計量などにおいて、遠隔操作が難しい場合には、作業にあたる労働者の身体に直接触れない方法により行い、作業場所を覆う囲い式フードの局所排気装置やプッシュプル型換気装置を設けなければなりません。

⑦ **粉じんを含む化学物質を扱う場合**

化学物質の気体が粉じんを含む場合、気体を排出する製造設備の排気筒には、一定の機能を持った除じん装置を設けなければなりません。

⑧　製造設備からの排液について
　製造設備からの排液に対して、排液処理装置を設けなければなりません。
⑨　作業過程の策定
　化学物質の漏えいや、労働者の化学物質による汚染を防止するために、必要な作業過程を策定し、その作業過程にもとづき作業を実施しなければなりません。
⑩　労働者に対する保護具などについて
　労働者が、化学物質を取り扱う作業に従事する場合には、作業衣・不浸透性の保護手袋・保護長靴を着用させなければなりません。
　なお、事業者は製造許可を受けた後も、製造設備などについて許可基準に適合する状態を維持しなければなりません。厚生労働大臣が許可基準に適合しないと判断した場合には、改善などを命じ、さらに許可基準などの法令への違反行為が認められた場合には、製造許可を取り消すこともできます。

危険な化学物質を取り扱う際の禁止事項

　事業者は、危険な化学物質の製造や取扱いに際しては、爆発や火災のおそれがあるため、おもに以下の行為が禁止されています。
①　爆発性の物質を、みだりに火気・火源に接近させ、加熱・摩擦・衝撃を与えること
②　発火性の物質を、みだりに火気・火源に接近させ、酸化を促す物や水に触れさせ、加熱・衝撃を与えること
③　酸化性の物質を、みだりに分解を促す物質に触れさせ、加熱・摩擦・衝撃を与えること
④　引火性の物質を、みだりに火気・火源に接近させたり注ぐことで、蒸発・加熱させること
⑤　危険物質の製造や取扱いの場所を整理・整頓せず、みだりに可燃性の物や酸化性の物を置いておくこと

21 安全衛生教育を実施すべき場合

安全衛生教育は原則として労働時間にあたる

　労働者は、危険な場所での作業に従事することや、健康障害を生じさせるおそれのある危険物・有害物を取り扱うことが少なくありません。これらによる労働災害の発生を防ぐため、事業者としては、労働者にとって危険・有害となる要因を取り除くことが重要です。

　しかし、必要な作業を行う上で、危険・有害な物質を取り扱うことが不可欠である場合や、労働者が業務の危険性を理解していない場合には、事業者が危険・有害な要因を取り除く努力をしていても、労働災害が発生する危険が生じます。

　そこで、より効果的に労働災害の発生を防止するには、労働者自身が従事する作業の危険性・有害性に対する正しい知識を持ち、それらの回避・対処の方法を身につけてもらうことが重要です。そのために労働者に対して行うのが**安全衛生教育**です。

　もっとも、労働者の安全衛生について法的責任を負うのは、あくまで事業者です。この点から、安全衛生教育に必要な時間は、所定労働時間の中で十分に時間を割いて行うとともに、必要な講習費や交通費などの諸費用も事業者が負担すべきであると考えられています。

　したがって、労働者が安全衛生教育を受けている時間は、その労働者の労働時間に含まれるのが原則ですから、安全衛生教育を所定労働時間・所定労働日とは異なる日時を設けて実施する場合には、時間外労働または休日労働として割増賃金の支払対象になります。

どのような場合に安全衛生教育の実施義務があるのか

　労働者に安全衛生教育を行うタイミングは、①労働者を雇い入れた

● 特別教育のおもな対象業務

> 特別教育の対象業務 ⇒ 産業・技術革新によって増加している

★従来から対象とされてきたおもな業種

- 研削といし（砥石）の取換えなど
- 動力により駆動するプレス機械の金型などの取換えなど
- アーク溶接機を用いた金属の溶接・溶断など
- フォークリフトの運転業務（最大荷重1t未満）
- ショベルローダー・フォークローダーの運転業務（最大荷重1t未満）

など

ときの雇入れ時教育、②労働者の作業内容に変更が生じたときの作業内容変更時の教育、③新たに危険・有害な業務に従事させるときの特別教育、④現場の指揮監督者などにつくことになった場合の職長等教育（職長教育）の4つに大きく分類することができます。

以下では、それぞれのタイミングで行われる安全衛生教育について詳しく見ていきます。

雇入れ時の安全衛生教育

労働者を新たに雇い入れたときに行う雇入れ時教育について、事業者が注意すべきなのは、その教育内容が一般的なものであってはならないという点です。つまり、事業者としては、労働者が従事することになる具体的な業務について、必要と思われる項目に関する教育を行わなければなりません。労働安全衛生施行規則によると、具体的な教育項目は以下のとおりです。

- 従事する業務が原因で発生するおそれのある疾病の原因や予防に関する教育
- 整理、整頓、清潔の保持に関する教育
- 事故が発生した場合などの応急措置の方法や退避に関する教育
- 上記の3項目以外のうち、従事する業務の安全衛生について必要な

事項に関する教育

　労働者が従事する業務について、おもに事務作業がメインである場合は、雇入れ時の教育として必要な事項は、以上の4項目です。

　しかし、労働者の従事する業務が、林業、建設業、運送業などの屋外労働がメインである業種や、製造業、ガス業、自動車整備業などの業種である場合は、上記の4項目の他に、以下の4項目を加えた8項目の安全衛生教育をすることが義務づけられています。

・機械等や原材料などの危険性・有害性に関する知識と、これらの取扱い方法についての教育
・危険を防止すための安全装置、有害物質制御装置、保護具の性能に関する知識と、これらの取扱い方法についての教育
・作業手順に関する教育
・作業開始時に必要になる点検事項についての教育

　ただし、労働者が安全衛生教育の対象事項について、すでに十分な知識や技能を持っている場合には、上記の項目の全部または一部について安全衛生教育を省略することが可能です。

作業内容変更時の教育

　作業内容に変更が生じた場合とは、労働者が以前に従事していた作業とは異なる作業に従事する場合や、実質的に見て別の作業に配置換えが行われたのと同等といえる程度に大規模な作業内容の変更があった場合（使用していた機械等の作業設備や作業方法が変更された場合など）をいいます。この場合は、以前に行われた安全衛生教育の内容では不十分なので、労働者の安全衛生を確保するため、改めて必要な安全衛生教育が行われることになります。

　なお、実施される安全衛生教育の項目に関しては、雇入れ時の教育をする場合と同一です。そのため、対象事項について十分な知識や技能を持っている場合には、全部または一部の項目について安全衛生教

育を省略することが可能です。

危険・有害な業務につかせる場合の特別教育

　労働者が従事する業務の中には、免許を取得し、または技能講習を修了した労働者でなければ従事できない業務があります。しかし、免許取得または技能講習修了が不要であっても、労働者に危険・有害であるため、専門的な技能が要求される業務もあります。そこで、一定の危険性や専門性が要求される業務について、事業者は、その業務に従事する労働者に特別な教育を行う義務を負います。それが、新たに危険・有害な業務に従事させるときの特別教育です。

　おもな特別教育の対象業務については、労働安全衛生規則が規定を置いていますが（おもな対象業務は⇨P.115図参照）、産業や技術革新にともなって、対象業務は常に拡大されており、今後も対象業務が増えていくことが予測されます。そのため、実施される教育項目の内容については、業務の種類・内容を考慮し、必要な教育時間とともに厚生労働省告示（安全衛生教育規程など）によって示されています。

　そして、雇入れ時の教育と作業内容変更時の教育と同じく、労働者が教育項目の内容について、すでに十分な知識と技能を持っている場合には、教育項目の全部または一部について、安全衛生教育の実施を省略することができます。

　特別教育を実施する場合、その講師について資格制限などはありません。教育項目の内容について、十分な知識と技能を持っている者が講師となるのであれば、とくに法令上の問題はありません。

　また、特別教育は事業者の義務であるため、本来は事業者自身が行うことが想定されています。しかし、労働災害防止団体などが行う講習など、厚生労働省告示が要求する水準を満たしている講習を労働者が受講した場合には、特別教育の実施に代えることができます。ただし、特別教育は事業者の責任の下に実施される必要があるため、講習

の受講に必要な経費や交通費などは事業者負担となります。

労働者を直接指揮する者に対する職長等教育

　労働災害の防止のためには、労働者を直接的に指揮する者に対する適切な安全衛生教育が行われることも重要です。このような者に対して行う安全衛生教育が職長等教育（職長教育）です。ただし、労働者を直接的に指揮する者とは、職長、班長、現場監督など、事業場ごとに呼称が異なることに注意が必要です。事業場での名称にかかわらず、労働者の作業方法などについて直接的に指導・監督する地位にある人は、すべて職長等教育の対象に含まれることになります。

　労働安全衛生法は、職長等が労働者の安全衛生について適切な知識や技能を持つことが、労働災害の防止につながる方策であると考え、事業者に対して、労働者を直接指揮する職長等に対する安全衛生教育を実施することを義務づけています。

　職長等教育の対象となるおもな業務は、以下のとおりです。

① 　建設業
② 　製造業（繊維工業、繊維製品製造業、紙加工品製造業、新聞業、出版業、製本業、印刷物加工業は、原則として対象外）
③ 　電気業
④ 　ガス業
⑤ 　自動車整備業
⑥ 　機械修理業

　もっとも、職長等は、通常の労働者に比べて、担当業務に対する知識や技能を相当程度備えていることが前提になります。そこで、作業内容自体に関する事項というよりも、労働者に対する適切な指導・監督方法に関する教育項目について、より多くの時間が割かれることになります（教育項目の内容については、⇨ P.119 図参照）。

　そのため、安全衛生教育を実施する際にも、講義方式ではなく、討

● 職長教育のおもな教育項目の内容

教育項目の内容		必要な時間
作業方法の決定・労働者の配置に関する教育		2時間
労働者に対する指導・監督方法に関する教育		2.5時間
労働災害防止のために必要な事項	危険性・有害性の調査、調査結果にもとづき講じる措置に関する教育	4時間
	異常時における措置に関する教育	1.5時間
	現場監督者として行うべき労働災害防止活動に関する教育	2時間

論を通じて、労働者に対するよりよい指導・監督方法についての方策を検討する討議方式が採用される場合が多いといえます。

能力向上教育に努めることも必要である

とくに危険・有害な業務に従事する労働者への安全衛生教育は、これまで述べたタイミングで行われることによって、完全なものになるわけではありません。

むしろ産業や技術革新にともなって、使用する機械や設備は日々変化していくため、とくに危険・有害業務に従事している労働者に対しては、常に最新の知識や技能を習得する機会を保障する必要があります。このことは、機械や設備の操作ミスなどによる労働災害の発生の防止にもつながるといえます。

そこで、労働安全衛生法は、事業者に対して、すでに危険・有害な業務に従事している労働者を対象に、従事している業務に関する能力向上教育を実施するよう努めることを求めています。

能力向上教育の具体的な教育内容や割当て時間、対象になる労働者などについては、厚生労働省が「能力向上教育指針」という指針を示しています。事業者としては、この指針を参考にして、能力向上教育を実施する努力義務を負っています。

22 建設現場の安全衛生教育体制と就業制限

建設現場での安全衛生教育とは

　建設業の特色として、ある作業について請負契約を締結し、請負人が建設現場で作業にあたる他、請負人がさらに請負契約を締結し（下請け）、下請人が建設現場で作業に従事することが行われています。

　このような重層請負構造の下では、複数の事業者に所属する労働者が混然一体になって、1つの建設現場で作業に従事していることになります。そのため、複数の事業者同士が、安全衛生に関して共通認識をもって作業にあたることが求められますが、それができないと労働災害が起きる可能性が高くなるという問題点があります。

　そこで、建設現場の元方事業者（元請事業者）は、原則として建設現場全体を統括管理する統括安全衛生責任者を選任し、建設現場における労働災害防止にあたらせなければなりません。そして、統括安全衛生責任者と、関係請負人（下請事業者）が選任義務を負う安全衛生責任者とが連携して、建設現場における安全衛生管理体制の構築をめざすしくみがとられています。

　安全衛生教育についても、建設現場特有の事情を考慮し、厚生労働省が示した「建設業における安全衛生責任者に対する安全衛生教育の推進について」という通達にもとづき、とくに関係請負人の側に対する特別の安全衛生教育体制を整えることになっています。

　この安全衛生教育の対象者は、新たに選任された安全衛生責任者や、将来安全衛生責任者に選任されることが予定される者です。安全衛生教育を実施するのは、安全衛生責任者が所属する事業者（関係請負人）または事業者から委託を受けた安全衛生団体などが実施します。

　具体的な教育項目の内容・割当時間は、次のとおりです。

● 就業制限の対象業務

業　務	主な就業制限業務の内容	必要な資格
① 発破業務	せん孔・装填・結線・点火など	発破技士免許など
② 揚荷装置の運転	揚荷装置の運転(制限荷重5t以上)	揚荷装置運転士免許
③ ボイラーの取扱い	ボイラーの取扱い（小型を除く）	特級・1級・2級ボイラー技士免許など
④ ボイラー・第一種圧力容器の溶接	ボイラー・第一種圧力容器（小型を除く）の溶接など	ボイラー溶接士免許（特別・普通）
⑤ ボイラー・第一種圧力容器の整備	ボイラー・第一種圧力容器（小型を除く）の整備など	ボイラー整備士免許
⑥ クレーンの運転	クレーンの運転（吊上げ荷重5t以上・跨線テルハ以外）	クレーン・デリック運転士免許（クレーン限定も可）
	床上で操作・運転者が荷の移動とともに移動する方式のクレーンの運転	床上操作式クレーン運転技能講習修了
⑦ 移動式クレーンの運転	移動式クレーンの運転（吊上げ荷重1t以上）	移動式クレーン運転士免許（5t未満の場合は、小型移動式クレーン運転技能講習修了でも可）
⑧ デリックの運転	デリックの運転（吊上げ荷重5t以上）	クレーン・デリック運転士免許
⑨ 潜水	潜水器により送気や給気を受けて行う水中での作業	潜水士免許
⑩ ガス溶接など	可燃性ガス・酸素を用いて行う金属溶接・溶断・加熱	ガス溶接作業主任者免許、ガス溶接技能講習修了など
⑪ フォークリフトの運転	フォークリフトの運転（最大荷重1t以上）	フォークリフト運転技能講習修了など
⑫ 車両系建設機械の運転	整地・運搬・積込み・掘削（機体重量3t以上）	車両系建設機械（整地・運搬・積込用、掘削用）運転技能講習修了など
	基礎工事（機体重量3t以上）	車両系建設機械（基礎工事用）運転技能講習修了など
	解体（ブレーカ・鉄骨切断など）（機体重量3t以上）	車両系建設機械（解体用）運転技能講習修了など
⑬ ショベルローダーなどの運転	ショベルローダー・フォークローダーの運転（最大荷重1t以上）	ショベルローダー等運転技能講習修了など
⑭ 不整地運搬車の運転	不整地運搬車の運転（最大積載量1t以上）	不整地運搬車技能講習修了など
⑮ 高所作業車の運転	作業床の高さが10m以上の高所作業車の運転	高所作業車運転技能講習修了
⑯ 玉掛け	揚荷装置・クレーン・移動式クレーン・デリックの玉掛け（吊上げ荷重1t以上）	玉掛け技能講習修了など

① 作業方法の決定・労働者の配置に関する教育（2時間）
② 労働者に対する指導・監督方法に関する教育（2.5時間）
③ 危険性・有害性の調査、調査結果にもとづいて講じる措置、設備などの改善方法に関する教育（4時間）
④ 異常時・災害発生時の措置に関する教育（1.5時間）
⑤ 現場監督者として行うべき労働災害防止活動に関する教育（2時間）
⑥ 安全衛生責任者の職務などに関する教育（1時間）
⑦ 統括安全衛生管理の進め方に関する教育（1時間）

　もっとも、①～⑤の項目は、職長等教育（⇨P.119図参照）と共通しているため、対象者が職長等教育の全部または一部を修めていれば、修めていない項目を補えばよいとされています。これに対し、⑥⑦の項目は対象者全員が修めなければなりません。

就業制限のある業務とは

　労働者が従事する業務の中には、事業者が中心になって行う安全衛生教育を受けるだけでは不十分な業務があります。それは、従事する業務の内容に必要な知識・技能が専門的なもので、適切に業務に行わなければ、業務を行う労働者自身はもちろん、他の労働者（さらには周辺住民など）も危険にさらされる業務です。たとえば、クレーンの運転業務は、運搬物の落下やクレーンの倒壊といった事故が発生した場合に、労働者に対する被害の規模が甚大になる危険性が高いため、労働災害の防止が強く求められているといえます。

　そこで、労働安全衛生法は、おもに建設工事に関連する一定の業務について、おもに以下の資格を持っている労働者以外の者が対象業務に従事することを禁止しています。これを就業制限といいます（対象業務については⇨P.121図参照）。

① 都道府県労働局長により免許を取得した者
　たとえば、吊り上げ荷重5ｔ以上の移動式クレーンの運転業務を行

う場合は、移動式クレーン運転士免許が必要になります。つまり、免許取得が必要な業務は、技能講習を修了するだけでは、これを行うことができないことになります。

② 都道府県労働局長により登録を受けた登録教習機関が行う技能講習を修了した者

たとえば、吊り上げ荷重１ｔ以上５ｔ未満の移動式クレーンの運転業務を行う場合は、移動式クレーン運転士免許を取得するか、または小型移動式クレーン運転技能講習を修了することが必要です。

③ その他厚生労働省令により定める資格を持つ者

たとえば、移動式クレーンの運転業務の場合、旧職業能力開発促進法の準則訓練である養成訓練・能力再開発訓練のうち、所定の訓練を修了した者のうち移動式クレーンについて訓練を受けた者が該当します。これは過去の制度で、現在はこの資格の取得はできません。

なお、職業能力開発促進法による職業訓練の認定制度では、資格者以外の労働者が訓練生として、必要な技能を修得するため、免許などがなくても、就業制限の対象業務にあたることが可能です。この場合は、職業訓練指導員に指示させることや、安全衛生教育を事前に行うことが必要です。

就業制限の対象業務を行う場合は証明書を携帯する

就業制限の対象業務については、免許取得者や技能講習修了者以外の労働者が行ってはいけません。作業現場に免許取得者や技能講習修了者がいれば、他の労働者が対象業務を行えるわけではないことに注意が必要です。さらに、免許取得者や技能講習修了者が対象業務に従事する場合は、免許証、技能講習修了証、訓練修了証などの証明書を携帯しなければなりません。つまり、危険性が高い業務に従事することから、対象業務の資格保有者であっても、必要な証明書を携帯していなければ、その対象業務を行うことはできません。

> **Q** クレーン運転業務・移動式クレーン運転業務において免許取得や技能講習修了が必要になる場合について教えてください。

 吊り上げ荷重が多い場合は免許取得か技能講習修了が必要です。軽い場合は特別教育修了が必要です。

クレーンとは、原動機内蔵型の動力による荷物の水平運搬作業を行う装置をいいます。吊り上げ荷重5t以上のクレーン運転業務に従事できるのは、クレーン・デリック運転士免許を取得した労働者に限られます。ただし、吊上げ荷重5t以上の床上操作式クレーン（床上で運転を行い、運転者が荷の移動とともに移動する方式のクレーン）の運転業務に従事できるのは、床上操作式クレーン運転技能講習を修了した労働者に限られます。

これに対し、吊上げ荷重5t未満のクレーン運転業務に従事する労働者は、クレーン運転業務の特別教育を修了することが必要です。特別教育は学科科目と実技科目から構成されています（時間割当てについては、⇨P.125図参照）。学科科目の内容は以下のとおりです。
① クレーンに関する知識についての教育
② 原動機・電気に関する知識についての教育
③ クレーンの運転に必要な力学に関する知識についての教育
④ クレーン運転に関連する法令に関する教育

実技科目の内容は、実際のクレーンの運転と、クレーン運転に必要な合図に関する教育の2項目です。もっとも、特別教育の対象になっている労働者が、移動式クレーン運転士免許、小型移動式クレーン運転技能講習、玉掛け技能講習の修了者である場合には、後者の合図に関する教育について免除が認められています。なお、その他の特別教育項目の免除や、特別教育の記録の保存などについては、厚生労働大

クレーン運転業務・移動式クレーン運転業務の特別教育

クレーン運転業務の特別教育

	科目	割当て時間
学科	クレーンに関する知識	3時間
学科	原動機・電気に関する知識	3時間
学科	クレーンの運転に必要な力学に関する知識	2時間
学科	クレーン運転に関連する法令	1時間
実技	クレーンの運転	3時間
実技	クレーン運転に必要な合図	1時間

移動式クレーン運転業務の特別教育

	科目	割当て時間
学科	移動式クレーンに関する知識	3時間
学科	原動機・電気に関する知識	3時間
学科	移動式クレーンの運転に必要な力学に関する知識	2時間
学科	移動式クレーン運転に関連する法令	1時間
実技	移動式クレーンの運転	3時間
実技	移動式クレーン運転に必要な合図	1時間

臣が定める基準に従います。

これに対し、**移動式クレーン**とは、クレーンのうち不特定の場所に向けて移動可能なクレーンをいいます。吊り上げ荷重5ｔ以上の移動式クレーン業務に従事できるのは、移動式クレーン運転士免許を取得した労働者に限られます。また、つり上げ荷重が1ｔ以上5ｔ未満の移動式クレーン（小型移動式クレーン）運転業務は、移動式クレーン運転士免許を取得した労働者であるか、または小型移動式クレーン運転技能講習を修了した労働者に限られます。

ただし、吊り上げ荷重1ｔ未満の移動式クレーン運転業務に従事する労働者は、移動式クレーン運転業務の特別教育を修了していなければなりません。この特別教育の対象になる業務に、移動式クレーンを道路上に走行させる運転は含まれません。道路を運転するときは、所定の自動車運転免許が別途必要になります。

特別教育の項目は、学科科目と実技科目から構成されており、各科目の項目は、クレーン運転に対する特別教育の項目と基本的に共通しています。

> **Q** デリックや建設用リフトについて特別教育が必要になるのはどのような場合ですか。また、どのような内容の特別教育を行う必要がありますか。

> **A** 特別教育の対象になるのは、5t未満のデリックの運転業務です。建設用リフトの運転業務は、すべて特別教育の対象になります。

　吊り上げ荷重5t未満のデリック運転業務にあたる労働者は、デリック運転業務の特別教育を修了していることが必要です。この特別教育の科目や、各科目の割当て時間は、クレーン運転業務の特別教育と同じです。これに対し、吊り上げ荷重5t以上のデリック運転業務に従事できるのは、クレーン・デリック運転士免許を取得した労働者に限られます。

　建設用リフトとは、建設現場などで使用される荷物運搬専用のエレベーターをいいます。建築資材一般の運送はもちろん、その他にもコンクリートの運搬や土砂の排出などにも使用されます。

　建設用リフト運転業務にあたる労働者は、建設用リフト運転業務の特別教育を修了していることが必要です。特別教育の項目は、学科科目（①〜③）と実技科目（④⑤）から構成され、各科目の内容と割当て時間は、以下のとおりです。

① 建設用リフトに関する知識についての教育が2時間
② 建設用リフトの運転のために必要な電気に関する知識についての教育が2時間
③ 建設用リフトに関係する法令についての教育が1時間
④ 建設用リフトの運転・点検についての教育が3時間
⑤ 建設用リフトの運転のための合図についての教育が1時間

> **Q** 玉掛けの業務についての特別教育が、クレーンなどの運転業務に対する特別教育と別に行われるのはなぜですか。

> **A** 玉掛けの業務には、クレーンなどの運転における危険性とは別の危険性があり、特別教育が別に行われています。

クレーンなど（クレーン、移動式クレーン、デリック）を使用した作業の一環として行われる玉掛けは、荷物をフックにワイヤーロープでくくり付ける作業や、移動した荷物をワイヤーロープから取り外す動作が含まれます。とくに労働者が荷物に触れた時点で、その荷物を誤って落下させるなどして、労働災害が発生する危険性が高いことから、クレーンなどの運転とは別に、玉掛けの業務の安全確保に必要な知識・技能を持っていることが必要です。

そこで、つり上げ荷重が1t未満のクレーンなどの玉掛けの業務にあたる労働者は、玉掛けの業務の特別教育を修了していることが必要です。この特別教育の項目は、以下の学科科目（①〜④）と実技科目（⑤⑥）から構成されています。

① クレーンなどに関する知識についての教育が1時間
② 玉掛け作業に必要な力学に関する知識の教育が1時間
③ 玉掛け作業の方法に関する教育が2時間
④ 玉掛け作業に関係する法令の教育が1時間
⑤ クレーンなどの玉掛けについての教育が3時間
⑥ クレーンなどの運転のための合図についての教育が1時間

作業現場でクレーンなどを運転する労働者は、吊り上げ荷重に応じて、免許取得、技能講習修了、特別教育修了の要件を満たすことが必要ですが、玉掛けの業務をあわせて行う場合は、これらの免許などとは別に、玉掛けの業務の特別教育を修了することが必要です。

> **Q** 特別教育が必要になる小型ボイラーとはどのようなものを指しますか。また、小型ボイラーの取扱いにはどのような特別教育が必要ですか。

> **A** ボイラーのうち一定の規模の物が対象になり、学科科目と実技科目からなる特別教育が必要です。

　ボイラーとは、燃料を燃やし、その熱エネルギーを利用して水などを密閉した器内で加熱することで、高温・高圧の蒸気を得るために用いる装置です。このうち小型ボイラーは、おもに以下のいずれかにあてはまるボイラーのことを指します。

・ゲージ圧力0.1MPa以下で使用する蒸気ボイラーのうち、伝熱面積が1㎡以下のもの、または胴内径が300㎜以下で長さが600㎜以下のもの
・伝熱面積が3.5㎡以下の蒸気ボイラーのうち、開放内径25㎜以上の蒸気管を取り付けたもの、またはゲージ圧力0.05MPa以下で内径25㎜以上のU形立管を蒸気部に取り付けたもの

　小型ボイラー取扱い業務に従事する労働者は、小型ボイラー取扱業務の特別教育を修了していることが必要です。この特別教育は、以下の学科科目（①〜④）と実技科目（⑤⑥）から構成されます。

① 熱・蒸気などボイラーの主要部分の構造に関する知識についての教育が2時間
② 安全装置や圧力計などボイラーの附属品に関する知識についての教育が2時間
③ 燃料・燃焼に関する知識についての教育が2時間
④ 小型ボイラーに関係する法令に関する教育が1時間
⑤ 小型ボイラーの運転・保守についての教育が3時間
⑥ 小型ボイラーの点検についての教育が1時間

> **Q** 特別教育が必要になる高気圧業務にはどのようなものがありますか。また、放射線業務の特別教育について教えてください。

> **A** 高圧室内業務などが特別教育の対象です。放射線業務については学科・実技の特別教育があります。

高気圧業務には、おもに高圧室内業務と潜水業務があります。高圧室内業務とは、大気圧（1気圧）を超える環境下の室内で行う業務をいいます。潜水業務とは、潜水器具を用いて水中で行う業務を指します。高気圧業務により、労働者が高気圧障害に陥る危険性が高まります。高気圧障害として、減圧症・酸素・窒素・炭酸ガスによる中毒などの健康障害などが挙げられます。

高圧室内業務にあたる労働者は、高圧室内業務の特別教育を修了していることが必要です。この特別教育は学科科目のみで構成され、圧気工法の危険性などの知識、圧気工法の設備、急激な圧力低下・火災などの防止、関係法令という4項目に関する教育が行われます。

核燃料物質などを取り扱う放射線業務は、放射線被ばくなど人体に多大な影響を与える可能性がある危険な業務です。そこで、加工施設などにおいて放射線業務にあたる労働者は、核燃料物質等取扱業務の特別教育を修了していることが必要です。この特別教育は、以下の学科科目（①〜⑤）と実技科目（⑥）から構成されます。

① 核燃料物質や汚染物に関する知識の教育が1時間
② 加工施設などにおける作業方法に関する知識の教育が4.5時間
③ 加工施設などの構造や取扱方法などの教育が4.5時間
④ 電離放射線が生体に与える影響についての教育が0.5時間
⑤ 核燃料物質を取り扱う業務に関係する法令の教育が1時間
⑥ 作業方法・下降施設などの設備の取扱いに関する教育が6時間

> **Q** 特別教育の対象になる酸素欠乏危険作業には、どのような種類がありますか。また、特別教育ではどのようなことをするのでしょうか。

第一種酸素欠乏危険作業・第二種酸素欠乏危険作業に分類され、それぞれに必要な時間の特別教育が行われます。

酸素欠乏危険作業とは、空気中の酸素濃度が18％未満に陥る（酸素欠乏症）・空気中の硫化水素濃度が10％を超える状態（硫化水素中毒）の下で行う作業をいいます。酸素欠乏の発生原因は、物の酸化や、不活性ガス、メタンガスなどの酸素欠乏空気の流入です。

酸素欠乏症等防止規則は、酸素欠乏危険作業について、第二種酸素欠乏危険作業を除き酸素欠乏症にかかるおそれがある**第一種酸素欠乏危険作業**と、酸素欠乏症と硫化水素中毒にかかるおそれがある**第二種酸素欠乏危険作業**に分類しています。そして、酸素欠乏危険作業に従事する労働者は、酸素欠乏危険作業の特別教育を修了していることが必要です。この特別教育の項目は、第一種酸素欠乏危険作業・第二種酸素欠乏危険作業ともに共通で、学科科目により構成されています。各項目の内容と割当て時間は以下のとおりです。

① 酸素欠乏の発生の原因に関する教育が0.5時間（第二種酸素欠乏危険作業の場合は1時間）
② 酸素欠乏症の危険性や症状に関する教育が0.5時間（第二種酸素欠乏危険作業の場合は1時間）
③ 空気呼吸器や酸素呼吸器などの使用方法に関する教育が1時間
④ 墜落制止用具など救出用の設備・器具の使用法など、人工呼吸の方法・人工蘇生器の使用方法に関する教育が1時間
⑤ 酸素欠乏症の防止に関する必要事項の教育が1時間（第二種酸素欠乏危険作業の場合は1.5時間）

> **Q** 粉じん作業は人体にどのような影響を与えるのでしょうか。また、粉じん作業に必要な特別教育の内容について教えてください。

じん肺などの予防と健康管理に関する特別教育が実施されます。

　とくに建設業の作業現場や、土石・岩石・鉱物などの掘削作業にあたる労働者は、空気中に粉じんが舞っている環境下で作業に従事することを余儀なくされます。粉じんは、呼吸を通して、労働者の人体に入り込みます。たとえば、粉じんに鉛が含まれている場合には、吸入する鉛の量が一定量を超えると、鉛中毒の原因になります。また、粉じんを長期間に渡って吸い続けることでじん肺にかかり、将来的に労働者の健康に重大な影響を与えます。

　そこで、鉱物などを機械で掘削するなど、一定の粉じんが発生する作業にあたる労働者は、粉じん作業の特別教育を修了していることが必要です。

　この特別教育の項目は、学科科目のみで構成されています。各項目の内容と割当て時間は以下のとおりです。

① 粉じんの発散防止対策の種類や、作業場の換気の方法に関する教育が1時間
② 粉じん発生防止対策に関する設備や換気に必要な設備の保守点検・清掃など、作業場の管理に関する教育が1時間
③ 呼吸用保護具の種類や性能・使用方法などに関する教育が0.5時間
④ 粉じんにより発症する疾病に関する病理や具体的な症状、健康管理の方法に関する教育が1時間
⑤ 粉じん作業に関係する法令に関する教育が1時間

> **Q** 石綿は、なぜ他の粉じんなどとは異なる取扱いがなされるのでしょうか。石綿を取り扱う業務に関する特別教育について教えてください。

 石綿がもたらす健康被害はとくに甚大であるため、石綿の取扱い業務に特化した特別教育が実施されます。

　石綿は、一般にアスベストと呼ばれ、熱や摩擦に強く、建設現場をはじめ、さまざまな用途に幅広く利用されてきました。しかし、長期間にわたり石綿にばく露され続けることで、石綿肺、肺ガン、中皮腫、良性石綿胸水、肥満性胸膜肥厚など、さまざまな疾病を発症することが判明しているため、石綿の製造等は原則禁止とされています。

　しかし、石綿を用いて建設された家屋の解体作業など、労働者が石綿が存在する環境下で作業に従事しなければならない状況は依然としてあるため、健康被害の確実な防止が必要です。

　そこで、石綿が使用されている建築物・工作物・船舶の解体などの作業や、石綿の封じ込め・囲い込みの作業にあたる労働者は、石綿取扱業務の特別教育を修了していることが必要です。この特別教育の項目は学科科目のみで構成されています。各項目の内容・割当て時間は以下のとおりです。

① 石綿の性状や、石綿により発症する疾病の症状など、石綿の有害性に関する教育が0.5時間
② 石綿を含む製品の種類や用途など、石綿の使用状況に関する教育が1時間
③ 石綿の粉じんの発散を抑制するための措置に関する教育が1時間
④ 保護具の種類・性能・使用方法などに関する教育が1時間
⑤ 石綿のばく露の防止に必要な事項に関する教育が1時間

> **Q** 工事用エレベーターの作業者で安全教育を受けなければならないのは誰ですか。また、どのような内容の安全教育が必要ですか。

A 組立て・解体などの作業指揮者に対して専用の教育プログラムに沿った安全教育を行う必要があります。

　高層ビルの建設など、建築物の高層化・大型化が進んだことで、それらの工事の際に使用する工事用エレベーターに起因する事故が発生すると、労働者の生命や身体に多大な損害を与える可能性が高まっています。また、使用される工事用エレベーターの性能や種類も多様化していることから、作業に従事する労働者が知識や技能を十分に備えていることも、労働災害防止のために必要な要素といえます。

　そこで、事業者に対し、労働者が工事用エレベーターの組立てや解体などの作業を行うにあたり、特別教育に準じた安全教育を実施することを求めています。安全教育の対象者は、工事用エレベーターの組立てや解体などにあたって選任された作業指揮者です（新たに作業指揮者に選任される予定の者を含みます）。

　そして、安全教育の項目は学科科目のみで構成され、各項目の内容・割当て時間は以下のとおりです。

① 工事用エレベーターの組立て・解体作業で発生する災害の状況・問題点の把握と作業指揮者の選任や職務に関する教育が0.5時間
② 工事用エレベーターの種類・構造の他、組立て・解体作業に使用する機材や事前準備などの基礎知識に関する教育が1時間
③ 工事用エレベーターの組立て・解体などの安全作業手順に関する教育が5時間
④ 工事用エレベーターの組立て・解体に関係する法令に関する教育が0.5時間

Q 振動工具取扱い作業者などに対する安全衛生教育にはどのような種類がありますか。

A チェーンソー以外の振動工具取扱い作業者に対する安全衛生教育や携帯用丸のこ盤安全衛生教育が挙げられます。

　労働者が使用する機械等の中には、コンクリートブレーカやハンドハンマーなど、断続的に振動をともなう工具があります。これらの振動工具を継続使用することで、血行障害が生じて手・腕のしびれなど振動障害を発症するおそれがあります。

　そこで、振動障害から労働者を守るため、事業者に対し、振動工具を取り扱う労働者への特別教育に準じた安全衛生教育を実施するように求めています。その他、コンパクトで利用しやすいものの、鋭利で高速に回転する携帯用丸のこ盤についても、特別教育に準じた安全衛生教育の実施が求められています。

　これに対し、木の伐採業務などに使用するチェーンソーの取扱いに関しては特別教育が実施されるため、以下では、チェーンソー以外の振動工具と携帯用丸のこ盤に関する安全衛生教育を見ていきます。

① チェーンソー以外の振動工具の場合

　チェーンソー以外の振動工具の取扱いに関する安全衛生教育は、振動工具（おもな種類は⇨P.135図参照）を用いた業務に従事する労働者を対象に行われます。担当講師は、労働衛生指導医、労働衛生コンサルタント、産業医、衛生管理者など、振動障害に関する十分な知識・経験を持つ者でなければなりません。

　そして、安全衛生教育の項目は学科科目のみで構成され、各項目の内容・割当て時間は以下のとおりです。

・振動工具の種類・構造、振動工具の選定方法など、振動工具についての知識に関する教育が1時間

おもな振動工具の種類

	主な工具の名称など
打撃機構を持つ工具	削岩機、ハンドハンマー、コンクリートブレーカ、電動ハンマー など
ガソリンエンジンなどの内燃機関内蔵可搬式工具	エンジンカッター など
振動体内臓工具	携帯用タイタンパー、コンクリートバイブレータ など
回転工具	携帯用皮はぎ機、バイブレーションドリル など
締付工具	インパクトレンチ
往復動工具	バイブレーションシャー、ジグソー など

・振動障害の発症原因・症状、振動障害の予防措置など、振動障害についての知識に関する教育が2.5時間
・振動工具取扱い業務に関係する法令に関する教育が0.5時間

② 携帯用丸のこ盤に関する安全衛生教育

　携帯用丸のこ盤の取扱いに関する安全衛生教育は、携帯用丸のこ盤を用いた業務に従事する労働者を対象に行われます。安全衛生教育の項目は学科科目と実技科目から構成されます。各項目の内容・割当て時間は以下のとおりです。

・携帯用丸のこ盤の構造・機能など、携帯用丸のこ盤に関する知識の学科教育が0.5時間
・携帯用丸のこ盤を使用する作業に関する知識の学科教育が1.5時間
・携帯用丸のこ盤を使用業務に関する安全な作業方法に関する知識の学科教育が0.5時間
・携帯用丸のこ盤の点検・整備に関する知識の学科教育が0.5時間
・携帯用丸のこ盤を用いた業務に関する法令の学科教育が0.5時間
・携帯用丸のこ盤の正しい取扱方法に関する実技教育が0.5時間

23 安全衛生改善計画

どんな場合に作成するのか

　安全衛生改善計画とは、都道府県労働局長が、労働災害防止の活動を促進するため、特定の事業者に作成を指示することができる事業場の安全衛生に関する具体的な計画をいいます。

　労働災害の防止は、事業者の自主的な取り組みによって行われるべきであることが大前提です。しかし、事業者の中には、労働者の安全衛生に関する取り組みが不十分であるため、労働災害を数多く引き起こしてしまうことがあります。そこで、労働安全衛生について十分な取り組みが認められない事業者に対し、都道府県労働局長が安全衛生改善計画の作成を指示するというしくみがとられています。

　労働安全衛生に関する取り組みが「不十分」であるとは、必ずしも労働安全衛生法をはじめとする各種法令に違反していることを意味していません。労働災害を防止するため、事業者の安全衛生に関する体制について総合的な改善をめざす計画の作成を指示するものです。

　そのため、指示を受けて作成する安全衛生改善計画は、事業者の置かれている現状から判断し、労働災害防止に効果があると認められる内容を盛り込むことが必要です。たとえば、以下の内容に関する安全衛生改善計画を作成することが求められる場合があります。

・事業場において生産、運搬、掘削などに用いる機械・設備に関する改修・代替・新設などに関する計画
・有害物質を取り扱う機械・設備の排気・換気などの計画
・有害物質の処理施設に関する計画
・一般的な作業手順・作業方法（作業標準）の設定や、その実施のための訓練方法に関する計画

● 安全衛生改善計画とは

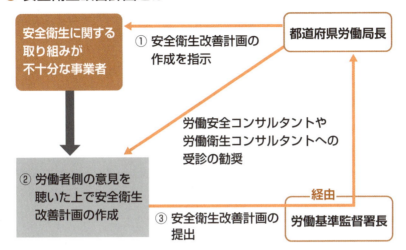

どんな手続きが必要なのか

　安全衛生改善計画の作成を指示された事業者は、すみやかに安全衛生改善計画を作成した上で、所轄労働基準監督署長を経由して都道府県労働局長に対し、安全衛生改善計画を提出しなければなりません。

　また、安全衛生改善計画が業務の実態とかけ離れているのは、労働災害防止という目的に反します。そこで、安全衛生改善計画の作成に際し、労働者側（原則として事業場の労働者の過半数で組織する労働組合）の意見を聴くとともに、安全衛生計画の提出時には、労働者側の意見を記載した書面を添付する必要があります。

コンサルタントによる安全衛生診断を受けることができる

　安全衛生改善計画の作成を指示された事業者が、安全衛生改善計画の作成に必要な専門的知識を持っている保証はありません。安全衛生改善計画が効果的に労働災害防止に役立つものにするため、都道府県労働局長は、事業者に対し、労働安全コンサルタントや労働衛生コンサルタントなどへの受診を勧奨することができます。

24 労基署や厚労省への届出や審査が必要な場合

事前の届出を義務づけている場合がある

　労働者を危険にさらすおそれがある機械等の設置や、重大事故を生じさせるおそれがある仕事の実施などを、行政側があらかじめ把握しておくため、機械等の設置や仕事の開始などに先立ち、事業者に事前の届出を義務づけている場合があります。もっとも、届出をすべき事項によって、届出先の機関や手続きなどが異なります。

所轄労働基準監督署長への機械等の設置などの届出

　事業者が、労働者にとって危険・有害な作業が必要になる機械や設備の設置、移転、主要構造部分の変更を行う場合、設置などの工事開始日の30日前までに、所轄労働基準監督署長への届出が必要です。具体的に届出が必要になる機械や設備は、以下のとおりです。

① 動力プレス（機械プレスのうち軸などの偏心機構を持つものと液圧プレスに限る）
② 容量が1t以上の金属・鉱物の溶解炉
③ 一定の基準量を超える物質に関する配管を除いた化学設備
④ 特定の乾燥設備
⑤ 移動式ではないアセチレン溶接装置
⑥ 移動式ではないガス集合溶接装置
⑦ 原動機の定格出力が7.5kWを超える機械集材装置
⑧ 支間の斜距離が合計350m以上の運材索道
⑨ 軌道装置
⑩ 支柱の高さが3.5m以上の型枠支保工
⑪ 高さと長さがそれぞれ10m以上の架設通路

● 14日前までの届出が必要な建設業務

所轄労働基準監督署長に業務開始の14日前までに届出が必要な建設業務
① 高さ31mを超える建築物・工作物の建設・改造・解体・破壊（橋梁以外）
② 最大支間50m以上の橋梁の建設など
③ 一定の場所での最大支間30m以上50m未満の橋梁上部構造の建設など
④ 労働者が立ち入って行うずい道の建設など
⑤ ずい道の掘削などを除く掘削の高さ・深さが10m以上の地山の掘削
⑥ 圧気工法による業務
⑦ 石綿などが吹き付けられている耐火建築物・準耐火建築物における石綿などの除去など
⑧ 一定の廃棄物焼却炉を持つ廃棄物焼却炉・集じん機などの設備の解体など
⑨ 掘削の高さ・深さが10m以上の土石の採取のための掘削業務
⑩ 坑内掘りによる土石の採取のための掘削作業

⑫　足場（つり足場・張出し足場以外の足場は、高さが10m以上に限る）

⑬　移動式ではない有機溶剤の蒸気の発散源を密閉する設備、局所排気装置、プッシュプル型換気装置、全体換気装置

⑭　鉛や焼結鉱などの粉じんの発散源を密閉する設備・局所排気装置・プッシュプル型換気装置

⑮　四アルキル鉛をガソリンに混入する業務に使用する機械・装置

⑯　特定化学物質障害予防規則における第1類物質・特定第2類物質などを製造する設備

⑰　特定化学物質障害予防規則における特定化学設備・附属設備

⑱　特定化学物質障害予防規則における特定第2類物質・管理第2類物質のガス・蒸気・粉じんが発散する屋内作業場に設置する発散抑制設備

⑲　特定化学物質障害予防規則における特定第2類物質・管理第2類物質のガス・蒸気・粉じんが発散する屋内作業場に設置する排ガス処理装置のうち、アクロレインに関連するもの

⑳　特定化学物質障害予防規則における排液処理装置
㉑　特定化学物質障害予防規則における1・3―ブタジエンなどに関する発散抑制設備
㉒　特定化学物質障害予防規則による硫酸ジエチルなどに関する発散抑制設備
㉓　特定化学物質障害予防規則における1・3―プロパンスルトンなどの製造設備・取扱設備とこれらの附属設備
㉔　電離放射線障害防止規則における放射線装置
㉕　事務所衛生基準規則における空気調和設備・機械換気設備のうち中央管理方式のもの
㉖　粉じん障害防止規則における特定粉じん発生源を持つ機械・設備や型ばらし装置
㉗　粉じん障害防止規則における局所排気装置・プッシュプル型換気装置
㉘　石綿などの粉じんが発散する屋内作業場の発散抑制設備
㉙　ボイラー（小型ボイラーを超えるもの）の設置・変更
㉚　第一種圧力容器の設置・変更
㉛　クレーン（吊り上げ荷重3 t以上）の設置・変更
㉜　移動式クレーン（吊り上げ荷重3 t以上）の変更
㉝　デリック（吊り上げ荷重2 t以上）の設置・変更
㉞　エレベーター（吊り上げ荷重1 t以上）の設置・変更
㉟　建設用リフト（吊り上げ荷重0.25 t以上でガイドレールの高さが18m以上）の設置・変更
㊱　ゴンドラの設置・変更

　その他、事業者が、大規模な建設業・土石採取業に関する仕事を開始するときは、その計画について仕事開始日の14日前までに、所轄労働基準監督署長に対して届け出る必要があります（具体的な事業の内容については⇨P.139図参照）。

厚生労働大臣に対する届出

事業者は、以下のとくに大規模な建設業の業務計画について、業務開始30日前までに、厚生労働大臣に対して、図面などの必要書類を添付した上で、届け出なければなりません。

① 高さ300m以上の塔の建設
② 基礎地盤から堤頂までの高さが150m以上のダム建設
③ 最大支間500m（つり橋の場合は1000m以上）以上の橋梁建設
④ 長さ3000m以上のずい道などの建設
⑤ 長さ1000m以上3000m未満のずい道などの建設で、通路として使用する部分の深さ50m以上のたて坑の掘削をともなう業務
⑥ ゲージ圧力が0.3MPa以上の圧気工法による業務

どんなことを審査するのか

危険・有害な作業が必要になる機械や設備の設置・移転・主要部分の変更については、届出の内容について、法令が規定する基準に違反しているか否かが判断され、違反が認められる場合には、厚生労働大臣や所轄労働基準監督署長は、工事や仕事開始の差止めなどを命じることができます。しかし、技術の発展や、新たな機械・設備・原材料・作業方法の進化に、法令の規定が追いつかない場合があります。そのため、実際には、労働者が危険性・有害性にさらされているにもかかわらず、事業者の届出内容が法令の規定の網にかからないため、届出によって適切な管理が行き届かない場合が少なくありません。

そこで、事業者による届出について、技術的な検討が必要なものに対して、その規模に応じて、厚生労働大臣または都道府県労働局長が審査を行い、必要な勧告や要請を求めることが可能になっています。

審査の対象は、新たな作業方法などにわたるため、より専門的な知識が必要になることから、厚生労働大臣または都道府県労働局長は、学識経験者の意見を聴く必要があります。

Column

労働保険や社会保険への未加入が発覚した場合

　労働保険は、労災保険と雇用保険の総称で、労働者が業務中や通勤途中に負傷した場合の補償を担う、労働者が安心して働くためのしくみです。一方、**社会保険**は、労働者が医療機関にかかる際の公的医療保険である健康保険や、国民年金に上乗せされる形で年金を支給する厚生年金保険など、生活に不可欠な制度です。

　一般的な事業者は、雇入れ時に労働者を労働保険・社会保険に加入させる義務を負います。しかし、事業者の中には、事業者負担分の保険料を抑えるため、意図的に労働保険・社会保険のいずれか、または両方に労働者を加入させない場合があります。このような事業者は悪質で、行政機関も指導を強化しています。

　とくに労災保険は、保険料が事業者の全額負担であるため、労働者を未加入にしているケースが少なくありません。労働保険に未加入の労働者の存在が発覚した場合、労働基準監督署から事業者に対し、労働保険加入を勧奨する指導が行われます。指導に応じて加入した場合、未加入であった期間について、最大2年間にさかのぼり保険料と追徴金の納入が指示されます。その他、労災隠しが行われた場合は、刑事罰として6か月以上の懲役または30万円以下の罰金が科せられます。

　一方、社会保険の未加入が発覚した場合、日本年金機構から加入するよう指導を受け、指導に従わない場合には、立入調査を経て最終的に強制的に加入手続きがとられます。この場合、未加入期間について最大で過去2年間分の保険料の支払いと、刑事罰として6か月以下の懲役または50万円以下の罰金が科されるおそれがあります。また、建設現場などで下請業者の労働者が社会保険に加入していることが確認できない場合、元請事業者が、その下請業者の労働者が作業場に入場することを制限するなどの対策も行われています。

第3章
健康管理・メンタルヘルス

1 健康診断

なぜ健康診断をするのか

　健康を損ねている労働者には、業務量の見直し、業務内容の変更や配置転換、長時間労働や深夜時間帯の勤務回数を削減するような労働時間管理などの措置を行う必要があります。他にも、通院時間の確保や休職の検討などの措置が必要になる場合もあります。そして、これらの措置が必要かどうかを把握するために、会社（事業者）には**健康診断の実施**が義務づけられています。実施後は、各労働者の健康診断の結果について、医師や産業医の意見をふまえ、措置の有無、措置が必要な場合は具体的な対応を決定します。

　健康診断は、会社の規模にかかわらず、労働者が1人であっても省略することはできません。また、後述する対象者に健康診断を実施しなかった場合は、50万円以下の罰金が科せられます。

　健康診断には「一般健康診断」と「特殊健康診断」の2種類があります。**一般健康診断**は、職種によらず行うもので、定期健康診断、雇入れ時の健康診断、海外派遣労働者の健康診断などがあります。特殊健康診断は、法定の有害業務に従事する労働者に対して行います（⇨P.150参照）。ここでは、一般健康診断について見ていきましょう。

① 定期健康診断

　定期健康診断の対象者は「常時使用する労働者」です。常時使用する労働者は、正社員に加えて、無期雇用者または1年以上雇用予定の有期雇用者のうち週労働時間が正社員の4分の3以上の者も含まれます。なお、後述する特定業務従事者は、特定業務従事者の健康診断の対象になるため、定期健康診断の対象からは除外されます。

　受診頻度は1年以内ごとに1回、図（⇨P.147参照）の受診項目に

● **一般健康診断の種類**

定期健康診断
常時使用する労働者に対し、1年以内ごとに1回実施

雇入れ時の健康診断
常時使用する労働者を雇用するとき、入社直前または直後に実施

特定業務従事者の健康診断
常時使用する労働者のうち特定業務（深夜業など）従事者に対し、配置転換の際と6か月以内ごとに1回実施

海外派遣労働者の健康診断
6か月以上海外勤務を行う労働者に、渡航前と帰国時に実施

給食従業者の検便
給食業務を行う労働者の雇入れ時と配置転換の際に実施

ついて行いますが、年齢などにより省略できる項目もあります。

② **特定業務従事者の健康診断**

対象者は、常時使用する労働者のうち、深夜業などの法令が定める有害な業務に従事する者です。受診頻度は配置転換の際と6か月以内ごとに1回です。受診項目は定期健康診断と同じですが、胸部エックス線検査と喀痰検査は1年以内ごとに1回でかまいません。

③ **雇入れ時の健康診断**

対象者や受診項目は定期健康診断と同じで、喀痰検査が対象外とされています。入社直前または直後に行いますが、入社前3か月以内に健康診断を受けており、結果票を会社に提出することで代替することも可能です。ただし、受診項目の省略ができませんので、未受診項目があれば、不足項目のみ受診する必要があります。

④ **海外派遣労働者の健康診断**

労働者を6か月以上海外に派遣するときや、6か月以上の海外勤務から帰国させ、国内の業務に就かせるときは、事前に健康診断を行い

ます。受診項目は、定期健康診断の項目に加え、医師が必要と認めた場合は追加になる場合もあります。なお、ABO式及びRh式の血液型検査は派遣前、糞便塗抹検査は帰国時のみ受診項目に含まれます。

⑤　給食従事員の検便

　社員食堂や社員寮などで調理や配膳などの業務を行う労働者には、雇入れ・配置転換の際に検便を行う必要があります。

費用や時間はどのくらいかかるのか

　健康診断は法令により会社に実施義務があるため、その費用も原則として会社が負担します。また、労働者の健康管理の観点から、健康保険組合などが費用の一部を補助する場合もあります。

　健康診断の受診に必要な時間の取扱いについて、一般健康診断の場合は、業務遂行との関連で行われるものではないため、労働時間から除外し無給とすることが可能です。ただし、対象者全員に受診させるためにも、受診に要した時間の賃金を支払うのが望ましいとされています。これに対し、後述する特殊健康診断の場合は、業務遂行との関連で行われるものであるため、所定労働時間内に行い、受診に要した時間の賃金を支払うべきとされています。

健康診断は受診を拒否できるのか

　労働安全衛生法は、労働者に対し、会社が行う健康診断を受診する義務を課しています。この点から、会社が労働者に健康診断の受診を命じることができるとされています。健康診断を受診しない労働者に対する罰則はありませんが、会社は、就業規則に定めることで、受診を拒否する労働者を懲戒処分の対象とすることが可能です。

　しかし、労働者に受診させることこそが重要であり、労働者自身の健康の重要性を訴えて繰り返し受診を指示することが望ましいでしょう。

● 健康診断の項目

受診項目＼種類	定期健康診断	雇入れ時健康診断	海外派遣者健康診断
既往歴及び業務歴の調査	●	●	●
自覚症状及び他覚症状の有無の検査	●	●	●
身長	●※1	●	●
体重	●	●	●
腹囲	●※2	●	●
視力及び聴力	●	●	●
胸部エックス線検査	●※3	●	●
喀痰検査	●	−	●
血圧の測定	●	●	●
貧血検査（血色素量及び赤血球数）	●※4	●	●
肝機能検査（GOT、GPT、γ−GTP）	●※4	●	●
血中脂質検査（LDL，HDL、血清トリグリセライド）	●※4	●	●
血糖検査	●※4	●	●
尿検査（尿中の糖及び蛋白の有無の検査）	●	●	●
心電図検査	●※4	●	●
腹部画像検査	−	−	●※5
血中の尿酸の量の検査	−	−	●※5
Ｂ型肝炎ウイルス抗体検査	−	−	●※5
ＡＢＯ式及びＲｈ式の血液型検査	−	−	●※5
糞便塗抹検査	−	−	●※5

※1：20歳以上の者で、医師が不要と認めるときに省略可
※2：次のいずれかに該当する者で、医師が不要と認めるときに省略可
　　　①40歳未満（35歳を除く）の者　②妊娠中の女性　③BMIが20未満の者
　　　④BMI22未満で、自己計測した値を申し出た者
※3：次のいずれにも該当しない者で、医師が不要と認めるときに省略可
　　　①40歳未満の者（20歳、25歳、30歳、35歳の者を除く）
　　　②感染症法による結核の定期健康診断対象施設で勤務する者
　　　③じん肺健康診断の対象者
※4：40歳未満の者（35歳の者を除く）で、医師が不要と認めるときに省略可
※5：医師が不要と認めるときに省略可

2 健康診断後にしなければならないこと

健康診断後の報告

　健康診断実施後、会社は受診者全員に結果を文書で通知する義務があります。また、会社の控えとして個別の結果票を作成し、5年間保管しなければなりません。さらに、常時50人以上の労働者を使用する会社は、定期健康診断結果報告書を所轄労働基準監督署長に提出することも義務づけられています。これらの通知・保存・報告の義務に違反した場合は、50万円以下の罰金が科せられます。

保健指導・意見聴取・二次健康診断

　労働者の異常所見があった場合、会社は、医師等から意見聴取をすることが必要です。具体的には、就業区分（通常勤務可能、一部制限の上可能、要休業）、作業環境管理・作業管理（施設や設備の対応）について意見聴取をします。医師等からの意見をふまえ、労働者との協議や衛生委員会または安全衛生委員会での検討を行い、就業場所の変更、作業の転換、労働時間の短縮、深夜業の回数の削減といった適切な措置を実施しなければなりません。

　さらに、業務ストレスと脳・心臓疾患や過労死は強い関連があるとされているため、疾病や過労死防止の目的から、健康診断において脳血管疾患や心臓疾患に関連する項目について異常所見があった場合は、労働者の請求にもとづき、労災保険給付として指定項目による二次健康診断を受けることができます（二次健康診断給付）。

　その他、とくに健康保持に努める必要がある労働者（異常所見がない労働者も該当することがあります）に対し、会社は、医師または保健師による保健指導を行うよう努めなければなりません。

● 健康診断実施後の流れ（脳・心臓疾患の関連項目に異常所見がある場合）…

① 健康診断の実施 → ② 医師や保健師の保健指導の実施 → ③ 二次健康診断の受診勧奨 → ④ 医師等の意見聴取 → ⑤ 就業上の措置決定

深夜業の労働者を対象とする自発的健康診断

　深夜業に従事する労働者は、昼間の労働者と比べて生活リズムが異なり、心身に負荷がかかるため、自主的に健康診断を受け、結果票を会社に提出することができます。提出を受け、会社は医師から意見を聴き、事後措置を講じることが義務づけられています。受診項目は定期健康診断と同じです。自発的健康診断の対象者は、過去6か月を平均して1か月あたり4回以上深夜業に従事する労働者です。とくに特定業務従事者の健康診断の対象に含まれない深夜業の労働者にとってメリットのある制度だといえます。

長時間労働への防止対策としての医師の面接指導

　長時間労働と脳・心臓疾患との関連性が強いとされることから、対象者に対して医師による面談指導を受けさせることが会社に義務づけられています。過重労働と過労自殺との関連性も認められており、メンタルヘルスケアの一環としても面接指導が重要です。面接指導の対象者は、時間外・休日労働時間が月80時間を超え（2019年4月より月100時間から引き下げ）、疲労の蓄積が認められる労働者です。対象者からの申出により面接指導を実施しますが、疲労度や職場環境の把握のため、対象者以外への実施も望ましいといえます。

3 特殊健康診断

特殊健康診断とは

　トンネルなどの高気圧環境での業務や、有機溶剤を使用する印刷業務など、他の業務と比べ負傷・疾病・死亡の発生原因との関連性が高いと考えられる有害業務があります。有害業務に従事する労働者には、一般健康診断とあわせて、検査項目を増加して行われる**特殊健康診断**の実施が義務づけられています。

　特定健康診断の対象となる有害業務は、労働安全衛生法にもとづいて定められた次の業務です。その他、常時粉じん作業に従事させる労働者にはじん肺法にもとづくじん肺健康診断を定期に実施します。

① **高気圧業務・潜水業務**：高圧室内での作業、空気ボンベによる給気による潜水作業などの業務
② **放射線業務**：エックス線の装置を使用した業務、原子炉の運転、坑内における核原料物質の掘採などの業務
③ **特定化学物質業務**：ベンジジン、ベリリウム、アクリルアミド、塩化ビニル、ベンゼン、砒素などの物質を取り扱う業務
④ **石綿業務**：石綿の取扱いまたは試験研究のための製造の業務
⑤ **鉛業務**：はんだ付け、施釉・絵付けやこれらを行った物の焼成、活字の文選・植字・解版などの業務
⑥ **四アルキル鉛業務**：四アルキル鉛を取り扱う業務
⑦ **有機溶剤業務**：アセトン、イソブチルアルコール、ガソリン、コールタールナフサなどを取り扱う業務

　会社は、以上の有害業務に従事する労働者に対し、雇入れ時、有害業務への配置転換の際、その後6か月（上記の⑥は3か月）以内ごとに1回、それぞれの有害業務に定められた特殊健康診断を定期に実施

● 特殊健康診断の実施時期

対象となる労働者	実施時期
有害業務に常時従事する労働者	・雇入れ時 ・配置転換した時 ・定期（6か月以内に1回、四アルキル鉛は3か月以内に1回）
有害業務に常時従事する労働者（歯やその支持組織に有害な業務）	・雇入れ時 ・配置転換した時 ・定期（6か月以内に1回）
過去に有害業務に常時従事したことがある労働者	・定期（6か月以内に1回）
行政指導による健康診断	・行政指導に応じて実施

しなければなりません。さらに、有害業務を原因とする疾病の中には潜伏期間の長いものがあるため、過去に一定の特定化学物質業務や石綿業務などに常時従事したことがある労働者にも、その労働者を雇用している間は、所定の項目について定期に健康診断の実施が必要です。

また、歯やその支持組織に有害な物のガス、蒸気、粉じんを発散する場所で業務に常時従事する労働者には、歯科医師による健康診断を行います。他にも、紫外線や赤外線にさらされる業務や、激しい騒音や振動を発生する場所での業務などに従事する労働者について、行政指導により臨時の健康診断を実施する場合もあります。

健康診断後にはどんなことをしなければならないのか

特殊健康診断も受診者全員に結果を文書で通知する義務があります。また、会社の控えとして個別の結果票を作成し、5年間保管するとともに、特殊健康診断の種類ごとに、所轄労働基準監督署長に報告書を提出します。異常所見があった労働者に対し、産業医などの医師や歯科医師の意見聴取を行い、適切な措置を行う必要があります。

4 職場の環境づくり

快適な職場づくりのために何が必要か

　労働者と会社双方が快適であるよう、厚生労働省は1992年5月に**事業者が講ずべき快適な職場環境の形成のための措置に関する指針**を公表し、快適な職場環境づくりの推進・継続を会社の努力義務として定めました。指針では、①作業環境の管理、②作業方法の改善、③疲労回復支援施設、④職場生活支援施設の措置について示しています。措置を取る際は、継続的・計画的であること、労働者の意見の反映、個人差への配慮、潤いへの配慮について考慮が必要です。

　メンタルヘルス不調の予防の観点でも、作業エリア内に観葉植物などを設置すると、空気浄化や緊張緩和に効果があるとされています。

職場の喫煙対策

　禁煙・分煙が推奨傾向にある現在において、労働者の健康保持・増進の観点から、職場環境における受動喫煙防止施策が会社の努力義務として定められました。具体的な進め方は次のとおりです。

手順1　現状把握と分析

　たとえば、妊娠、呼吸器・循環器に疾患がある、未成年など、配慮しなければならない労働者がいないかどうか、労働者や顧客の受動喫煙防止に対する理解度、意見・要望について調査、確認します。そして、職場の空気環境の測定結果、事業場の施設の状況（消防法や建築基準法などによる制約の有無など）、労働者や顧客の喫煙状況などを分析します。

手順2　具体的な対策の決定

　現状把握と分析をふまえ、施設設備の「ハード面」、計画や教育な

● 快適な職場環境づくりのための措置

【1】作業環境の管理

◆作業環境を快適な状態に維持管理するための措置
① 空気環境
② 温熱条件
③ 視環境
④ 音環境
⑤ 作業空間等

〈具体例〉
・有圧換気扇の設置
・スポットクーラーの設置
・天窓による照度の確保
・騒音機器に防音カバーを設置
・フロアパレットによる配線の格納

【2】作業方法の改善

◆労働者の従事する作業方法を改善するための措置
① 不良姿勢作業
② 重筋作業
③ 高温作業等
④ 緊張作業等
⑤ 機械操作等

〈具体例〉
・昇降式棚の設置
・助力装置、台車の導入
・遠隔操作
・ロボットによる自動化
・ピクトグラムによるマニュアル

【3】疲労回復支援施設の設置・整備

◆作業による労働者の疲労回復を図るための施設・設備の設置・整備
① 休憩室
② 洗身施設
③ 相談室等
④ 環境整備

〈具体例〉
・仮眠室の設置
・横になって休憩できる休憩室
・入浴施設、洗濯機の設置
・運動場の整備
・フィットネスジムの設置

【4】職場生活支援施設の設置・整備

◆快適な職場環境を形成するための必要な措置
① 洗面所・更衣室等
② 食堂等
③ 給湯設備
④ 談話室等

〈具体例〉
・男女別、清潔な更衣室の維持
・開放的な社員食堂
・ベンディングマシンの導入
・マッサージルームの設置
・セミナールームの設置

どの「ソフト面」の対策を組み合わせます。

手順3　対策の実施、点検、見直し

　労働者や事業場の状況の変化に合わせ、必要に応じて対策の見直しを行います。なお、費用の一部助成や相談窓口の設置、空気環境測定機器の無料貸し出しなど、厚生労働省による支援も実施されています。

VDT作業についての作業管理

　VDT作業とは、Visual Display Terminalsの略で、おもにパソコン、スマートフォン、タブレット端末などを指します。情報技術の急速な発展とともに、VDT作業を行う職場環境や作業形態も大きく変わり、VDT作業を長時間続けることを原因とする特有の心身疲労を抱える労働者が急増しています。

　そこで、厚生労働省は2002年に**VDT作業における労働衛生管理のためのガイドライン**を策定し、労働者のVDT労働環境改善のために会社がとるべき管理対策が示されました。

　VDT作業には、データ入力、受注・予約・照会、検索・追加・修正、文書・画像の作成や編集、プログラミング、監視、画像診断検査などがあり、VDTによる健康障害は「目」「身体」「心」に現れます。

　これらの健康障害を予防する具体的な措置として、作業エリアの照明、採光、グレア（反射）の防止、騒音の低減などの「作業環境」に対する措置があります。具体的には、ディスプレイ画面上の照度は500ルクス以下、書類上やキーボード上の照度は300ルクス以上とする、ディスプレイの位置や前後左右の傾きの調整、反射防止型ディスプレイの使用などによりグレアを防止するといった対策です。

　また、連続作業時間が1時間を超えないようにする、小休止時間を設けるなどの作業時間に対する措置、業務量に対する配慮、作業者自身がディスプレイ・マウスの位置や椅子の高さの調整ができるようにするなどの「作業管理」も必要です。

　他にも、「健康管理」として、健康診断結果を分析し、産業医などの意見をふまえながら作業環境の改善や予防対策を講じたり、就業前後や就業中にストレッチなどの軽運動を行う職場体操を取り入れたりすることも有効です。さらに、VDT機器の点検や清掃を行い、作業環境を維持し、VDT作業に従事する労働者に対し、措置に対する周知や教育を行うことも必要とされています。

高齢の労働者には、過度の負荷とならないような作業密度の配慮が必要です。障害のある労働者に対しては、必要に応じ音声入力装置や弱視者用ディスプレイなどを設置します。なお、在宅ワーカーの健康確保に対する発注会社の配慮事項として、VDT作業を行う在宅ワーカーにも同様の措置を行うのが望ましいとされています。

建設業における快適な職場環境づくり

　建設業は高所での作業や重量物を扱うことが多いため、危険をともなう場面が多々ある業種です。そこで、1995年に「建設業における快適職場形成の推進について」という通達が出され、以下の4点について計画的・継続的に措置を講ずる努力義務を示しています。
① 作業環境を快適な状態に維持管理するための措置
② 労働者の従事する作業方法を改善するための措置
③ 作業に従事することによる労働者の疲労を回復するための施設または設備の設置または整備等
④ その他快適な職場環境を形成するための措置

　具体的には、夏季・冬季の屋外作業や降雨・強風・日射などの悪天候下の作業における対策例として、大きなテントの使用による全天候型作業場の確保、降雨・日射対策の遮蔽シートの設置などが挙げられます。

　上記の通達に加え、2016年4月には「平成28年度の建設業における安全衛生対策の推進に係る協力要請について」という通達が出されています。この通達では、2020年の東京オリンピック・パラリンピックに向けた大会施設の建設工事における安全衛生対策にも配慮が求められています。

　これらの通達を参考に、建設業において職場環境の快適化に向けた対策をとることは、労働者の安全衛生の確保だけでなく、職場全体の活性化や効率性・生産性向上にもメリットがあります。

5 ストレスチェック

ストレスチェックとは

　ストレスチェックは、労働者のメンタルヘルス対策として、常時使用される労働者が 50 人以上の企業（事業者）に対し、2015 年 12 月より実施が義務づけられた制度です。

　労働者のメンタルヘルス不調の問題はとても深刻で、うつ病などの精神障害による労災申請が後を絶ちません。ストレスチェックの義務化後である 2017 年度も 1,732 件の申請があり、506 件が支給決定となりました。このうち、自殺（未遂を含みます）に関する申請は 221 件、支給決定は 98 件となっており、引き続き企業のメンタルヘルス対策は急務といえるでしょう。

　メンタルヘルス不調には 3 つの段階があると言われています。不調を起こす前に対策を行い未然に防止する「1 次予防」、不調を早期発見し適切な措置を行う「2 次予防」、不調を発生し休職した社員に対し復職支援や再休職防止を行う「3 次予防」があり、ストレスチェックは 1 次予防に該当します。労働者自身が自分のストレス状態に気づき、セルフケアを促すことや、ストレス要因である職場環境の改善を促すことを目的としています。会社にとっては、労働者のストレス状態や労働者が感じている職場環境の問題点を把握できるよい機会ともいえます。

　また、近年では経営的な視点からも労働者の心身の健康が重要視されています。メンタルヘルス対策の専任部署の設置や、セミナーなどを活用し、組織として健康対策に取り組む企業が増加しています。2014 年からは、経済産業省と東京証券取引所が共同し、戦略的な取り組みを行った上場企業を「健康経営銘柄」に選定するなど、株式市

場においても健康対策への取り組みを後押ししています。

ストレスチェックの受診は労働者の義務ではない

　健康診断とは異なり、労働者にはストレスチェックの受診義務がありません。したがって、会社は受診の勧奨ができるにとどまり、受診の強要・指示はできません。ストレスチェックの目的が労働者のメンタルヘルス不調を未然に防ぐことや、労働者が自分のストレス状態に気づいてセルフケアを促進することにあるなど、その重要性や効果を説明し、ストレスチェックの受診を促すのがよいでしょう。

　そして、ストレスチェックの受診を拒否した労働者に対し、会社は、解雇や減給などの不利益な取扱いを行ってはいけません。就業規則においてストレスチェックの受診を義務とし、拒否する労働者を懲戒対象とするような条項を定めることも認められません。

ストレスチェックの対象者

　ストレスチェックの対象となる労働者は、正社員に加えて、無期雇用者（無期転換後の契約社員など）または1年以上雇用予定の有期雇用者（契約社員、アルバイト、パートなど）のうち週労働時間が正社員の4分の3以上の者です。この条件は定期健康診断と同じです。派遣労働者は派遣元が実施するストレスチェックを受診します。

　対象となる労働者のうち、海外に長期出張している場合は実施する必要がありますが、現地法人に雇用されている場合は、日本の法律の適用外となるため、実施する必要はありません。また、育児休業中の者や傷病等による休職中の者にも実施する必要はありません。

　ストレスチェックは労働者を対象としていることから、法令上は役員に対する実施義務はありませんが、役員を兼務している労働者の場合は、職務権限や報酬などの実態から判断し、労働者部分の職務割合が多い場合は実施対象となることがあります。

ストレスチェック実施の流れ

ストレスチェック実施時のおもな流れは、以下のとおりです。
① **実施前の準備**：衛生委員会等において、産業医の意見をふまえながら実施概要を決定します。おもな検討事項は、実施時期、実施する医師、使用ツール、高ストレス者の選定基準、面接指導の運用方法、結果の会社への提供に関する労働者からの同意取得方法、集団分析の方法、結果保存方法、相談窓口の設置などです。
② **ストレスチェックの実施**：①で決定した使用ツールにもとづきストレスチェック調査票を労働者に配布し、受診した労働者が記入した調査票を回収します。オンラインによる実施も可能です。
③ **高ストレス者・面接対象者の選定**：受診結果にもとづき、実施した医師（産業医など）が面談指導の要否を判定します。
④ **受診者への結果の通知**：ストレスの程度、高ストレスか否か、面談の要否などを実施した医師から本人に直接通知します。その際、セルフケアのアドバイスや面接指導の申出方法についても通知します。電子メール等での通知も可能です。
⑤ **面接指導の受付**：受診者は申出により面接指導の申込みを行います。実施した医師が、高ストレス者や面談が必要と判断した者に面接指導の申出を勧奨することもあります。
⑥ **面接指導の実施**：産業医などの医師による面接指導を実施します。実施する医師は、勤務状況や心理的負荷などを確認し、労働者本人へ指導やセルフケアのアドバイスを行います。面接指導の実施時期は、ストレスチェック受診から１か月以内が望ましいでしょう。
⑦ **就業上の措置の要否の確認**：⑥を実施した医師は、会社へ面接指導の結果を「就業上の措置に係る意見書」とともに報告します。
⑧ **就業上の措置の実施**：⑦にもとづき、必要に応じて配置転換、勤務時間の短縮、深夜労働の減少などの措置を検討・実施します。労働者の意見も十分に聞くことが大切です。

● **ストレスチェック実施後の流れ**

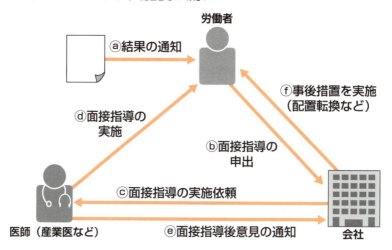

報告書の提出

　ストレスチェックは、常時使用される労働者が50人以上の会社に対し、1年以内につき1回以上実施することが義務づけられており、実施後は「心理的な負担の程度を把握するための検査結果等報告書」を所轄労働基準監督署長へ提出しなければなりません。報告書には、実施月、ストレスチェックの実施者（産業医など）、受診人数、面接指導を受けた人数、集団分析の実施有無などを記載します。

　また、産業医の署名押印が必須となっており、ストレスチェックを外部の医師（医療機関）に委託した場合でも、報告書には会社が選任している産業医の署名押印が必要です。ストレスチェックを実施しないことに対する罰則はありませんが、報告書を提出しなかった場合や、虚偽の内容の報告書を提出した場合は罰則の対象となり、50万円以下の罰金が科せられます。なお、常時使用する労働者が50人未満の企業には報告義務がありません。

6 労災保険の適用と特別加入

労災保険とは

　安全衛生管理に万全を期しても、労働災害が起きてしまう可能性をゼロにはできません。労働基準法は、労働災害が発生した場合、被災した労働者へ会社（使用者）が災害補償を行う責任があると定めています。しかし、中小企業などの財務体質が脆弱な会社においては、労働者への災害補償が十分に行われるとは限りません。そのようなことから労働者を守るため、災害補償を制度化し、労働者保護を充実させたものが、公的保険である労働者災害補償保険（労災保険）です。

　労災保険は、会社（使用者）の災害補償では十分な救済ができない場合があるため、政府が管掌する労災保険に会社が加入し、会社が保険料を共同負担することで、労働者への災害補償を確実に行うことを目的としています。また、保険料の全額を会社が負担することで、労働災害が発生した場合、迅速に災害補償を行うことができます。

　労災保険の補償内容は、業務上や通勤中に発生した労働者の負傷、病気、障害、死亡に対し、負傷や病気の治癒に必要な療養（医師による治療など）の給付、休業中における金銭の給付、障害等級に応じた年金の給付、遺族に対する年金の給付などです。その他、定期健康診断において脳疾患・心臓疾患に関連する項目に異常所見があった場合に行われる二次健康診断等給付や、被災労働者の社会復帰などの支援を目的とした事業も、労災保険の中で行われています。

事業所ごとに加入するのが原則

　労災保険は、会社の事業所ごとに適用を受けます。つまり、1つの会社が設置した本社、支社、営業所、出張所、工場などは、別々の事

● 特別加入できる者の範囲

① 中小事業主およびその家族従事者など（中小事業主等）

常時300人以下（卸売業・サービス業は常時100人以下、金融業・保険業・不動産業・小売業は常時50人以下）の労働者を常時使用する中小事業主等（労働者以外）で、労働保険事務組合に労働保険事務の処理を委託する者

② 一人親方その他の自営業者およびその事業に従事する者

労働者を使用しないで下記の事業を常態とする者
(a)自動車を使用して行う旅客または貨物運送の事業（個人タクシー事業など）
(b)土木、建築などの建設、改造、解体などの事業（建設作業員）
(c)漁船によ水産動植物の採捕の事業（(g)に該当する事業を除く）
(d)林業の事業
(e)医薬品の配置販売の事業
(f)リサイクルを目的とする廃棄物の収集、運搬、選別、解体などの事業
(g)船員法第1条に定める船員が行う事業

③ 特定作業従事者

下記の重度の障害を生じる危険性の高い作業に従事する者
(a)特定農作業従事者、特定農業機械作業従事者
(b)職場適応訓練作業従事者、事業主団体等委託訓練作業従事者
(c)家内労働者およびその補助者
(d)労働組合などの常勤役員
(e)介護作業従事者および家事支援従事者

④ 海外派遣者

(a)開発途上地域に対する技術協力の実施の事業を行う団体から派遣され、開発途上地域で行われている事業に従事する者
(b)国内の事業主から、海外の事業に労働者として派遣される者、または海外の中小規模の事業に事業主等（労働者以外）として派遣される者

業所となり、それぞれの事業所に労災保険が適用されます。これは労働安全衛生法の適用単位である事業場と同じ考えによります（⇨ P.18参照）。ただし、労災保険の場合、労災保険料率表の事業区分が同一である継続事業（期間の定めなく活動を続ける事業）については、都道府県労働局長に申請することで、本社などが一括して労災保険の適用を受けることができます（継続事業の一括）。しかし、継続事業の

一括が認められたとしても、労災保険の給付申請は、各事業場の所轄労働基準監督署長に対して行う点に注意が必要です。

労働者を雇うと加入義務がある

　1人でも労働者を雇用した事業所は、労災保険に必ず加入する必要があります（強制加入）。労災保険に加入している事業場は**適用事業場**といい、労働者が1人であっても適用事業場となります。適用事業場の住所や代表者に変更があった場合も届出が必要です。

　労災保険法上の「労働者」の考え方は、労働基準法上の労働者に準じています。つまり、労災保険が適用される労働者の要件は、①使用者との指揮命令関係があるかどうか、②労働の対価として賃金が支払われているかどうかによって決まります。したがって、適用事業所の労働者であれば、正社員、契約社員、アルバイト、パートなどの雇用形態にかかわらず、勤務時間、勤務日数、雇用期間の有無にもかかわらず、労災保険が適用されます。日雇い労働者や外国人労働者にも労災保険が適用されます。その他、工場長や部長などの取締役を兼務する従業員は、代表権を持たず、上記①②の要件に当てはまれば、労働者として労災保険の適用対象となります。

　これに対し、代表取締役などの代表権を持っている者は、使用者側であるため、労災保険は適用されません。代表取締役などの同居の親族は、原則として適用除外ですが、使用者との指揮命令関係があり、他の労働者と同じ就業実態や賃金形態であれば、上記①②の要件を満たす労働者となるので、労災保険が適用されます。

　労災保険は、雇用保険などの他の公的保険と異なり、労働者の雇入れ時に加入手続きなどの届出も必要ありません。このようにすることで労働者の災害補償を確実なものにしているのです。

一定の個人事業主は加入が強制されていない

　1人でも労働者を使用する事業場には労災保険が強制的に適用されます。ただし、個人経営の小規模な農林水産業の事業場は、労災保険に加入するかどうかを任意に決定できます。このような事業場は、家族経営に近い形で事業をしていることが多く、強制加入させると保険料の負担が大きいなどの理由から任意適用事業とされています。

　「小規模な農林水産業」とは、下記のいずれかの事業をいいます。
① 　農業・畜産業・養蚕業：常時5人未満の労働者を使用する個人経営の事業（一定の危険有害な作業を行う事業は除く）
② 　林業：労働者を常時使用せず、年間使用延べ労働者数が300人未満である個人経営の事業
③ 　水産業：労働者が常時5人未満で、総トン数5トン未満の漁船などによる個人経営の事業

特別加入という制度もある

　労働保険の対象者は、労働者であり、使用者は含まれていません。しかし、中小企業では、使用者も労働者と変わらず危険な場所で作業を行っている場合もあります。また、個人経営の建設作業員やタクシー運転手などは使用者に該当します。労災保険の場合は、このような中小事業主や労働者を雇用しない使用者（一人親方）などの**特別加入**を認め、労働者に準じた扱いを行うとしています。

　また、労災保険法は日本国内で有効な法律であるため、海外に派遣されている労働者が海外で被災すると、災害補償が行われません。そこで、海外派遣者の特別加入も認められています。具体的な特別加入者の範囲は図（⇨ P.161 参照）のとおりです。

　労災保険の特別加入をするためには、「特別加入申請書」を都道府県労働局長に提出する必要があります。

7 業務災害と通勤災害

労災には業務災害と通勤災害がある

　労災事故には「業務災害」と「通勤災害」の2種類があり、それぞれに対し、保険給付が行われます。どちらの災害であっても、保険給付の内容は基本的に同じですが、業務災害は「〇〇補償給付」、通勤災害は「〇〇給付」と呼び、区別しています。保険給付の原資は、事業主が負担する労災保険料となっています。

業務災害とは

　業務災害は、労働者の業務上において生じた負傷、疾病、障害、死亡のことをいいます。業務災害は、それぞれの業種によってさまざまな事例があります。被災した労働者の状況を所轄労働基準監督署長が審査し、業務災害の認定を行います。とくに労働者の負傷（負傷を原因とする障害や死亡を含みます）を業務災害として認定するかどうかのポイントは、「業務遂行性」があるかどうか、「業務起因性」があるかどうかの2点です。1点目の業務遂行性は、被災した労働者が雇用契約にもとづいて事業主の支配下にある状態であったかどうかです。2点目の業務起因性は、業務に起因して（業務が原因となって）労働者が被災したかどうかです。具体的に、業務遂行性や業務起因性の有無が問題となるケースを見ていきましょう。

① 労働時間中の災害

　所定労働時間中や残業時間中に事業場内で作業していた時間はもちろん、作業前・作業後の更衣や準備行動の時間も業務に付随することから、業務遂行性があると認められます。その他、トイレに行く時間や水を飲みに行く時間なども、業務付随行為として業務遂行性が認め

● 労災保険の保険給付の種類

業務災害	通勤災害	おもな保険給付の内容
療養補償給付	療養給付	負傷、疾病により療養（医師による治療など）する際、必要な療養やその費用を給付
休業補償給付	休業給付	療養により労働できずに休業し、かつ、賃金の支払を受けない場合に支給される給付
傷病補償年金	傷病年金	療養開始後1年6か月経過した日以後休業（補償）給付の代わりに支給される給付
障害補償給付	障害給付	治癒後に障害が残った場合、障害の等級に応じて支給される年金または一時金
介護補償給付	介護給付	障害（補償）年金、傷病（補償）年金を受けている者で、介護を受けている場合の給付
遺族補償給付	遺族給付	労働者が死亡した場合に、一定の遺族に対して支給される年金または一時金
葬祭料	葬祭給付	死亡した労働者の葬祭を行う場合の給付

られます。そして、これらの時間に労働者が負傷したときは、業務起因性があると判断され、業務災害と認められます。しかし、業務中に持病が原因で転倒して負傷したなどの特段の事情があれば、業務起因性がないと判断され、業務災害と認められません。

② **昼休みや休憩中の災害**

昼休みや休憩中などの業務に従事していない時間も、事業場の施設や管理状況が原因となって労働者が負傷した場合は、業務遂行性や業務起因性があると判断され、業務災害と認められます。しかし、自宅に帰宅していた時間中の負傷や、私的な行為により生じた負傷は、業務遂行性がないと判断され、業務災害と認められません。

③ **出張中の業務災害**

出張中は、その全過程が事業主の支配下にあるとされるため、出張中の負傷は業務遂行性と業務起因性があると判断され、業務災害と認められます。ただし、出張中の負傷であっても業務との関連性がない場合は、業務災害と認められません。たとえば、会社が指定したホテ

ルに宿泊せず、別のホテルで宿泊中に負傷した場合は、業務災害と認められない可能性があります。

業務上の疾病とは

　業務災害のうち疾病（疾病を原因とする障害や死亡を含みます）は、発症のタイミングが業務中である必要はありません。たとえば、休日に発症した疾病が業務に起因するならば、業務災害と認められます。業務上の疾病として、おもに災害性疾患と職業性疾患があります。

　災害性疾患は、業務上の負傷に起因する疾患のことです。たとえば、業務中に頭部に受けた負傷に起因する慢性硬膜下血腫や、業務中の火傷に起因する細菌感染症などがあります。災害性疾患は、業務中の負傷が発症の唯一の原因である必要はありませんが、いくつかの原因の中で有力なひとつであることが必要とされます。

　職業性疾患は、特定の有害作業に長期間従事することで徐々に発病する職業病です。たとえば、粉じんを飛散する場所における業務で生じる呼吸器疾患や、空気中の酸素濃度の低い場所における業務による酸素欠乏症などがあります。労働基準法施行規則では、職業性疾患の一覧表である「職業病リスト」を定めており、一定の業務に従事する労働者が、一定の疾患を発病した場合、迅速に対応できるようになっています。とくに腰痛が業務に起因して生じたものか、持病によるものかの判断が難しいとされますが、判断の際には、作業の姿勢、作業周期、突発的な作業か否か、労働者の既往歴などが考慮されます。

　その他、近年とくに問題とされているのが、脳血管疾患、心疾患、精神障害などの発病です。これらが業務に起因するかどうかを明確にするため、厚生労働省が認定基準を設けています。たとえば、脳血管疾患・心臓疾患の発病前に、長時間残業などの業務による明らかな過重負荷があった場合は、業務起因性が認められやすくなります。

通勤災害とは

通勤災害とは、通勤途中に生じた労働者の負傷、疾病、障害、死亡のことをいいます。通勤は業務と密接な関係があるため、業務災害と同様に通勤災害も保護することにしています。もっとも、通勤災害における「通勤」と認められるには、就業のために、自宅から会社までの合理的な経路と方法で通勤することが必要です。会社に届け出た経路より著しく遠回りする場合は、通勤と認められません。通勤途中に別の用事を行う場合なども、一部を除いて通勤と認められません。

業務災害、通勤災害にはどんな給付があるのか

労災保険の保険事故に業務災害と通勤災害があるのに対応し、保険給付も業務災害か通勤災害かによって名称が変わります。業務災害の保険給付は、療養補償給付、休業補償給付、傷病補償年金、障害補償給付、介護補償給付、遺族補償給付、葬祭料の7つです。これに対し、通勤災害の保険給付は、療養給付、休業給付、傷病年金、障害給付、介護給付、遺族給付、葬祭給付の7つです。それぞれの保険給付の概要は、図（⇨ P.165 参照）のとおりとなっています。

業務災害の場合は「補償」という言葉がつくのに対し、通勤災害の場合はつきませんが、両者の給付内容は同じです。たとえば、療養保険給付と療養給付の内容は同じということです。しかし、別々の給付であるため、届出用紙などは別の様式を使用します。

業務災害には、労働基準法によって事業主（使用者）が補償責任を負うことから「補償」という言葉がつきます。さらに、業務災害の場合は労働基準法上の解雇制限がある点や、休業補償給付の休業日の初日から3日間は企業独自で補償を行わなければならない点など、より厳格な対応が求められます。これに対し、通勤災害の場合は、療養給付を受ける労働者が一部負担金を徴収されるなどの違いがあります。

> **Q** 労働者が仕事中や通勤途中の災害で働くことができず、収入が得られない場合にはどうしたらよいのでしょうか。

 労災保険から休業（補償）給付を受けることができます。

　労災として認定されるどうかの判断は所轄労働基準監督署長が行いますが、ここでは認定されたことを前提に考えていきましょう。
　休業（補償）給付は、療養のため労働ができない労働者の生活保障を目的とするもので、業務災害による給付を休業補償給付、通勤災害による給付を休業給付と呼び、休業1日につき給付基礎日額の6割が支給されます。これに加え、給付基礎日額の2割の特別支給金が支給されるため、合計すると給付基礎日額の8割が支給されます。
　ただし、休業初日から3日間は「待期期間」となるため、休業（補償）給付や特別支給金が支給されません。この3日間は連続している必要はなく、土日などの休日も含め、通算して3日間あればよいとされています。初日の計算について、出勤時や所定労働時間内の災害により遅刻・早退があった場合は、事故当日を待期期間の1日目としてカウントします。これに対し、残業中または帰宅途中の災害の場合は、一部不就労の時間がないため、事故翌日を1日目とします。
　待期期間の補償は、業務災害の場合に限り、会社に休業補償義務があり、1日につき平均賃金の60％以上を支払う必要があります。これに対し、通勤災害の場合は、会社に休業補償義務はありません。そのため、待期期間について労働者が年次有給休暇の取得を請求することがありますが、会社はこれに応じなければなりません。
　また、負傷や疾病（傷病）の程度により、1日全部を休業するのではなく、1日の所定労働時間の一部分だけ休業し、残りの時間分の賃

休業（補償）給付のしくみ

休業（補償）給付
① 業務上や通勤途中の傷病により療養していること
② 療養のため労働できないこと
③ 労働ができないため賃金を受けられないこと
④ 3日間の待期期間を満了していること

| 休
待機1日目 | 休
待機2日目 | 出 | 出 | 休
待機3日目 | 休
休業4日目 | 休
休業5日目 |

支給開始 →

休業4日目以降、労働ができないため賃金を受けられない期間の日数分が支給される

休業（補償）給付 ： 給付基礎日額 × 60％ ×（休業日数 − 3）
特別支給金　　　 ： 給付基礎日額 × 20％ ×（休業日数 − 3）

金を受け取る場合があります。この場合は、1日あたり「（給付基礎日額−労働に対して支払われる賃金額）× 60％」が支給されます。

休業（補償）給付の受給中に退職した場合であっても、①退職後も療養が必要な状態が継続しており治療を行っている、②一般的に見て働けない状態が継続している、③転職などをしておらず、会社から賃金が支払われていない、などに該当する限り支給が継続します。ここでの「退職」には、契約期間満了や定年退職も含まれます。

ただし、療養開始日から1年6か月が経過した時点で治癒していない場合は、休業（補償）給付を継続するか、または傷病（補償）年金に切り替えられるかの判定が行われます。そして、傷病（補償）年金の等級に当てはまる場合は、傷病（補償）年金に切り替わります。

なお、労働基準法により、業務災害により休業補償給付を受給している労働者を、休業期間中および休業期間終了後30日間は、解雇することが禁止されています。

8 労災保険の請求手続き

労災請求は誰が行って、誰が認定するのか

　労働災害が発生し、被災労働者に療養や休業などが必要となった場合は、労災保険から労働者（死亡の場合はその遺族）に給付が行われます。労災保険から給付を受けるためには、原則として、被災労働者本人（死亡の場合はその遺族）が労災認定の請求を行うことが必要です。労災認定の請求をするときは、事業主の証明（請求書への事業主の署名）が必要であって、事業主は請求に協力することが義務づけられています。もっとも、事業主の証明が得られなくても、労災認定の請求は可能です。その場合は、事業主からの証明を得られなかったことを示す書類（証明拒否理由書）を請求書に添付します。

　請求書の内容にもとづき、労働基準監督署が必要な調査や事業主からの事情聴取を行い、所轄労働基準監督署長の名において労災認定を行います。請求書には事業主の証明が必要ですが、事業主は労働者の被災状況などを証明するだけで、事業主が労働災害であったかどうかを証明するわけではありません。また、事業主の証明をする際に、事業主は、被災労働者が請求書に記載した状況をすべて認める必要もありません。事実に反すると思われる場合は、書面の提出によって、事業主としての意見を申し立てることができます。

労災保険の請求手続き

　労災保険の給付でよく利用される療養補償給付と休業補償給付の手続きについて見ていきましょう。

　たとえば、仕事中に負傷した労働者を医療機関へ搬送し、その治療が行われた場合、業務上であることが明確であれば、医療機関には

● 労災認定の手続き

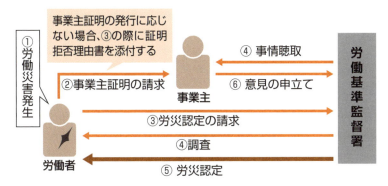

※労災認定の請求は被災労働者本人が行うが、被災労働者が死亡した場合は遺族が行う

　労働災害であることを伝えると、治療費を支払う必要がなくなります。健康保険証を提示して治療を受けないよう注意しましょう。後日、「療養補償給付たる療養の給付請求書」を記入し、医療機関へ提出します。この請求書は医療機関を経由して労働基準監督署へ提出されます。

　療養補償給付たる療養の給付請求書には、災害の発生原因や発生状況を具体的に記入する必要があります。①どのような場所で、②どのような作業をしているときに、③どのような物または環境に、④どのような不安全または有害な状態があって、⑤どのような災害が発生したか、などの視点で記入します。また、負傷または発病の時刻や災害発生を確認した者の氏名や職種も記入します。

　療養を受けた医療機関が労災保険指定医療機関でない場合は、いったん治療費全額を支払った後、「療養補償給付たる療養の費用請求書」を所轄の労働基準監督署に直接提出します。その後、労災認定を受けた時に、立て替えた治療費が支払われます。また、業務災害による療養のために労働ができず、賃金が支払われない場合は、労災保険から休業補償給付が支払われ、生活保障が行われます。休業補償給付を受けるには、原則として被災労働者が「休業補償給付支給請求書」を所

轄の労働基準監督署へ提出します。「休業補償給付支給請求書」には、療養補償給付の請求書と同様、労働災害の発生状況などを具体的に記入します。休業期間中の勤務状況や直近3か月分の賃金支払状況なども記入します。事業主と担当医師の証明も必要です。労災認定を受けると、指定の振込口座へ支払われます。

労災保険の申請の注意点

　労災保険給付の請求には時効が定められており、療養（補償）給付たる療養の費用、休業（補償）給付、介護（補償）給付、葬祭料（葬祭給付）は2年、障害補償給付、遺族補償給付は5年です。これらの時効期間経過後に請求しても、給付を受けることはできません。時効の起算日は給付ごとに決められています。たとえば、療養（補償）給付たる療養の費用については、費用を支払った翌日が起算日です。

　また、労災認定の内容（労災認定を受けなかった場合も含みます）に不服がある場合は、労働者災害補償保険審査官へ審査請求をすることができます。審査官の決定にも不服がある場合は、労働保険審査会へ再審査請求をすることができます。このとき、労働保険審査会への再審査請求を経ずに、裁判所へ訴訟を起こすことも可能です。

メリット制とは

　労災保険料率は、事業の種類ごとに1000分の2.5～1000分の88の間で決定されています。決定された料率に従い、同じ業種の会社は同率の保険料を納付するのが原則です。しかし、安全衛生管理体制を強化して労働災害防止対策に取り組んでいる会社と、そうでない会社において、同率の保険料を適用するのは不公平と考えられます。

　そこで、労働災害の少ない（＝保険給付が少ない）事業については労災保険料を割り引き、逆に労働災害の多い（＝保険給付が多い）事業については労災保険料を割り増すことで、保険料負担の公平化と労

働災害防止の自助努力の促進を図っています。このような制度を**メリット制**といいます。

メリット制が適用されるのは、100人以上の労働者を使用する事業であるなど、一定の規模要件があります。その他には、労災保険の保険関係が3年以上経過していることなどの要件もあります。

労災隠しとは

労働災害が発生した場合、事業主は「労働者死傷病報告書」を所轄労働基準監督署長に提出する義務があります。一般に**労災隠し**は、この報告書の提出を怠ったり、虚偽の報告をすることを指します。労災隠しをする理由はさまざまですが、下記の理由が考えられます。

・メリット制が適用され、労災保険料が増加するため
・労働基準監督署の監査が行われる可能性があるため
・企業のイメージが悪化するため
・保険料の未払いや労働保険の未加入が発覚するため

規模の小さい事業にはメリット制が適用されないため、労働災害が増えても保険料に影響しない場合もあります。いずれにしても、事業主の知識不足で労災隠しに発展する場合があるので、正しい法律知識を身に付ける必要があります。

長時間残業や機械の点検を怠っていたなどの原因で労働災害が発生した場合は、社会的な企業イメージが悪化し、製品不買により経営維持が難しくなることもありますが、会社全体として、労災隠しは違法行為であることの理解を深めることが大切です。

「労働者死傷病報告書」の提出を怠り、または虚偽の報告をした場合は、労働安全衛生法違反として50万円以下の罰金が科されます。通常、労働基準監督署は、違反行為がある場合、行政指導として是正勧告を行いますが、是正勧告に従わなければ、刑事責任の追及へと移行することから、会社やその代表者などが起訴される可能性があります。

> **Q** 労災事故で死亡したときに遺族は葬祭給付を受けることができるということを聞きました。どのような給付が受けられるのでしょうか。健康保険上の埋葬費とは違うのでしょうか。

労災事故で死亡した場合は葬祭料が、労災事故以外の理由で死亡した場合には埋葬費が支給されます。

　業務災害により死亡した場合の給付を葬祭料、通勤災害により死亡した場合の給付を葬祭給付と呼びます。

　葬祭料（葬祭給付）の支給対象者は、実際に葬儀を行う者であるため、亡くなった労働者の遺族となるのが原則です。しかし、遺族が葬儀を行わないことが明らかである場合には、実際に葬儀を行った友人、知人など、遺族以外の人に支払われます。社葬を行った場合は会社に支払われます。なお、遺族が行う葬儀の他に、会社が恩恵的、功労的趣旨により社葬を行った場合は、葬儀を行った遺族に支払われ、会社には支払われません。葬祭料（葬祭給付）は、次の①と②を比較し、いずれかの高い方が支給されます。

① 　315,000円＋給付基礎日額の30日分
② 　給付基礎日額の60日分

　葬祭料（葬祭給付）を実際に請求する際の手続きは図（⇨ P.175）のとおりです。

　葬祭料（葬祭給付）の支給要件は、「労働者が業務上または通勤途中に死亡した場合」です。傷病（補償）年金を受給している労働者が死亡したとしても、死亡理由が業務上・通勤途中とは異なる私的な傷病であった場合は、葬祭料（葬祭給付）が支給されません。

　また、労働者が業務上または通勤途中に死亡した場合に「遺族（補償）給付」として、遺族（補償）年金または遺族（補償）一時金も支

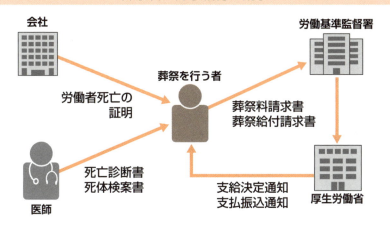

葬祭料・葬祭給付の請求

給されますが、葬祭料（葬祭給付）と同じ時期に手続きを行う必要はありません。ただし、遺族（補償）給付と一緒に葬祭料（葬祭給付）の手続きをする場合には、労働者の死亡に関する証明書類を遺族（補償）給付の請求書に添付していれば、葬祭料（葬祭給付）の請求書の方に同じ証明書類を添付する必要がなくなります。

　以上に対し、健康保険上の埋葬に関する給付は、労災事故以外の理由により労働者が死亡したとき、労働者により生計維持されていた人が埋葬を行った場合に「埋葬料」が支給されます。生計維持とは、おもに労働者の配偶者や子などを指しますが、戸籍上の親族関係がない人や同居していない人でも、労働者の仕送りなどにより生計を立てている場合は生計維持関係が認められます。埋葬料の支給額は、標準報酬月額に関係なく、一律5万円です。

　その他、労働者に身寄りがないなど、生計維持されていた人がいない場合に、近隣の人や会社関係者など、生計維持関係のない人が葬儀を行った場合は、葬儀を行った人に「埋葬費」が支給されます。埋葬費の支給額は、5万円の範囲内で実際に埋葬に要した費用相当額です。

9 傷病手当金

傷病手当金とは

　傷病手当金は、「業務外」の理由による傷病や疾病のため、仕事ができなくなった場合に、被保険者とその家族の生活を保障するための制度です。労働者が加入する健康保険から支給されます。「療養のため働くことができない状態」の判断は、主治医などの意見や仕事の内容を考慮してなされます。一方で、「業務上」に生じた負傷や病気が原因で、その療養のために仕事を休業する場合は、労災保険から休業補償給付が支給されます。どちらも目的は同じですが、「業務上」であるか「業務外」であるかによって、支給の根拠となる制度や金額が異なります。同時に両方を受給することはできません。

　うつ病や適応障害などのメンタルヘルス不調は、業務が原因で発症したかどうかの判断が難しく、業務が原因であったとしても労災認定を受けるまでには時間がかかると言われています。仕事ができずに賃金が支払われないと、労災認定されるまでの生活費の目途が立たないといったケースがあります。主治医が発症の原因を不詳と診断したのであれば、いったん傷病手当金を受給し、その後に労災認定を受けた時点で、休業補償給付に切り替えることができる場合があります。

傷病手当金の支給内容

　傷病手当金の1日分の支給額は「支給開始前1年間の平均標準報酬月額÷30日÷3分の2」となります。つまり、おおむね給与の3分の2が保障されます。給与の支払いがあった場合は、傷病手当金の一部もしくは全額が減額されます。支給期間は1年6か月です。1年6か月の期間内に復職したが、その後に同じ負傷や病気で休業した場合、

● 傷病手当金

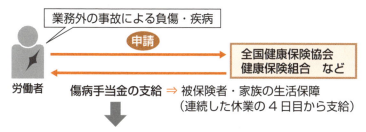

復職期間も1年6か月の期間に通算されます。そして、支給開始日から1年6か月を経過すると、労働者の回復の有無を問わず、支給が終了します。なお、支給期間中に退職したとしても、一定の条件を満たせば、支給開始日から1年6か月間は支給が継続されます。

どんな手続きが必要になるのか

　傷病手当金を受給するためには、加入する全国健康保険協会などに「健康保険傷病手当金支給申請書」を提出します。支給申請書は、被保険者記入欄、事業主記入欄、療養担当者記入欄に分かれています。事業主記入欄には、療養期間中の勤務状況や賃金支払いの有無などを記入します。療養担当記入欄には、主治医などに労務不能であるかどうかなどを記入してもらいます。最後に、被保険者記入欄に振込先口座などを記入して届出を行います。

　傷病手当金は、業務外の事故などによる負傷や病気によって休業を始めた日から連続した3日間（待期期間）を経過した後の4日目から支給されます。連続した3日間は、公休である必要はなく、有給休暇や欠勤などでも問題ありません。しかし、この3日間の間に出勤した日がある場合は、連続した3日間の休業と判断されません。

10 派遣労働者の安全衛生

派遣労働者とは

　派遣労働者（派遣社員）とは、派遣元事業者（派遣会社）と派遣先事業者との間で締結された労働者派遣契約にもとづき、派遣先事業者に派遣された労働者をいいます。派遣労働者の雇用関係は、事業者と労働者との二者間で締結される労働契約にもとづく一般的な雇用関係とは異なる特徴があります。

　まず、通常の雇用関係であれば、労働者は、自らが実際に労働力を提供する事業者との間で労働契約を締結します。しかし、派遣労働者は、労働力を実際に提供する派遣先事業者との間で労働契約を締結するわけではありません。労働契約はあくまで派遣元事業者との間で締結されます。本来、派遣労働者は、雇用主である派遣元事業者の指揮命令に従う義務を負うのに対し、労働力を提供する派遣先事業者の指揮命令に従う必要はないともいえます。しかし、派遣元事業者と派遣労働者との間では「派遣先事業者の指揮命令に従う」という内容の労働契約を締結しています。そのため、派遣元事業者との労働契約上の義務を果たすために、派遣労働者は派遣先事業者の指揮命令に従わなければならない、という複雑な構造をとっています。

　その他、直接の雇用関係が派遣元事業者との間に存在する派遣労働者は、派遣元事業者から賃金の支払いを受けることになります。

派遣労働者の安全をどのように確保するか

　現在、さまざまな業種において派遣労働者を利用する事業者が増加傾向にあります。事業者が必要と考える労働力について、解雇規制などが厳格である正社員を新たに雇用することなく、柔軟に労働力を補

● 派遣労働者の安全・衛生管理

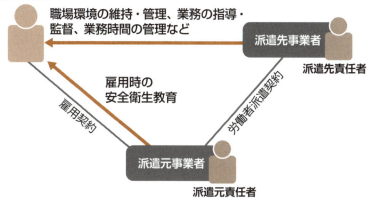

う手段として、派遣労働者は幅広く活用できるからです。

もっとも、派遣先事業者が危険有害な機械等や物質などを取り扱っている場合は、派遣労働者についても、他の正社員と同様、安全衛生を確保すべきであることはいうまでもありません。ただ、一般的な労働契約とは異なり、派遣労働者をめぐる法律関係は、派遣労働者、派遣先事業者、派遣元事業者というように三者が関わることから、安全衛生の確保に関する取扱いや、安全衛生の責任の所在についても、一般的な雇用形態の労働者とは異なる点に注意する必要があります。

派遣契約書に安全衛生の事項が必要になる

派遣労働者を派遣する際、派遣元事業者と派遣先事業者との間で労働者派遣契約を締結します。労働者派遣法では、労働者派遣契約を締結する際に、労働者派遣契約書に派遣労働者の安全衛生に関する事項を記載しなければならないと規定しています。

具体的な記載事項については、厚生労働省が策定した「労働者派遣事業関係業務取扱要領」によると、以下の事項について記載が必要とされています。

① 派遣労働者の危険・健康障害防止のための措置に関する事項

　たとえば、派遣労働者を危険有害業務に従事させる場合に、どの程度の危険性・有害性があるのか、また、危険や健康障害を防止するのに必要な措置の内容について記載する必要があります。

② 健康診断の実施や健康管理に関する事項

　たとえば、特別な健康診断（特殊健康診断など）の実施が必要な有害業務に従事している派遣労働者に対して、健康診断項目などについて記載しなければなりません。

③ 換気・採光・照明など作業環境の管理に関する事項

④ 安全衛生教育に関する事項

　たとえば、派遣元事業者または派遣先事業者が、派遣労働者に対して安全衛生教育を実施する場合における、その安全衛生教育の内容について記載する必要があります。

⑤ 就業制限に関する事項

　たとえば、派遣労働者が従事する業務について就業制限があり、特定の資格（免許）や技能講習の修了が必要になる場合があります。その場合には、必要な免許の取得や技能講習の修了に関する事項について記載しておく必要があります。

⑥ 安全衛生管理体制に関する事項

⑦ 上記以外の派遣労働者の安全衛生の確保のために必要な事項

派遣元と派遣先それぞれに責任者が必要になる

　派遣労働者の安全衛生管理においては、派遣元事業者と派遣先事業者の両者が適切に連携を図ることが重要です。その際、両者の連絡調整を担うために、それぞれの事業者において、派遣元責任者と派遣先責任者が選任されます。

　派遣元責任者・派遣先責任者は、派遣労働者の安全衛生管理に関する責任を一元的に担います。具体的には、労働者派遣契約の内容を周

知すること、派遣労働者の受入れ期間の変更に関する通知、管理台帳の記録・保存、派遣労働者からの苦情処理などの職務を処理します。

派遣元責任者は、派遣元事業者に雇用されており、労働者派遣法が定める欠格事由に該当しない労働者の中から選任します。派遣元責任者は、事業場（支店など）ごとに、派遣元事業者が雇用する派遣労働者数1名以上100名以下を1単位とし、1単位あたり1名以上を選任します。これに加えて、製造業に派遣する派遣労働者数1名以上100名以下を1単位とし、1単位あたり1名以上の「製造業務専門派遣元責任者」を選任します。ただし、製造業務専門派遣元責任者のうち1人は、派遣元責任者の兼務が可能です。そして、選任された派遣元責任者や製造業務専門派遣元責任者は、厚生労働省の指定期間が実施する派遣元責任者講習を受講する必要があります。

これに対し、派遣先責任者は、事業場や派遣労働者が従事する場所ごとに、派遣先事業者が雇用する労働者の中から専属の派遣先責任者を選任します。選任すべき派遣先責任者の人数要件は、派遣元責任者の場合と同じです。これに加えて、製造業務に50名以上の派遣労働者を受け入れている派遣先事業者は「製造業務専門派遣先責任者」を選任します。人数要件は製造業務専門派遣元責任者の場合と同じで、製造業務専門派遣先責任者のうち1人が派遣先責任者と兼務可能である点も同じです。派遣先責任者や製造業務専門派遣元責任者は、労働関係法令の知識や人事労務管理の経験がある人の中から選任するように努めることが必要ですが、指定講習などの受講義務はありません。

派遣元、派遣先はそれぞれどんなことをする必要があるのか

派遣労働者の安全衛生管理における、派遣元事業者と派遣先事業者との間の具体的な役割分担について見ていきましょう。

① 派遣元事業者の責任

派遣労働者は派遣元事業者と雇用契約を締結するため、両者の法律

関係は一般的な労働契約と同じです。そのため、派遣元事業者は、派遣労働者の安全衛生について原則的な管理責任があります。

しかし、派遣先事業者から指揮命令を受けて業務に従事する時は、業務上の安全衛生管理は派遣先事業者の役割とする方が派遣労働者の安全確保のために効果的で適切と考えられます。そのため、派遣元事業者は、派遣労働者を雇用した際や派遣先事業者の変更など、派遣元事業者の事情による場合に行うべき安全衛生教育について実施責任があります。もっとも、安全衛生教育は一般的な内容だけでなく、派遣労働者が派遣先事業者で従事する業務に沿った内容であることが必要です。そこで、派遣先事業者は、派遣元事業者に対し、派遣労働者が従事する業務に関する情報を積極的に提供し、適切な安全衛生教育ができるように可能な範囲で協力する必要があります。

とくに2018年の働き方改革法の成立にともなう労働者派遣法の改正により、2020年4月以降、派遣先事業者は、派遣元事業者との間で労働者派遣契約を締結する際、比較対象労働者に関する情報提供義務を負います。つまり、派遣元事業者に対し、派遣労働者を受け入れる業種について、自らが直接雇用する労働者（比較対象労働者）の業務内容や賃金などの雇用条件を提供することが義務づけられました。

② 派遣先の事業者の責任

派遣先事業者は、派遣労働者が業務に従事するに際して必要な安全衛生に関する事項について管理責任を負います。とくに労働災害は業務従事中に発生するのが通常ですから、派遣先事業者の責任は、派遣労働者の安全衛生の確保についてより直接的な役割を担います。たとえば、業務に従事する環境（職場環境）の維持・管理、業務に対する指導・監督、業務時間の管理などが挙げられます。

労災事故が発生したらどうする

派遣労働者が労働災害などによって死亡し、または4日以上休業し

● 派遣労働者が労働災害などに遭った場合

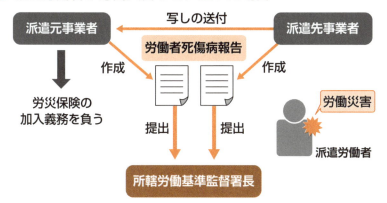

たときは、他の労働者の場合と同様、所轄労働基準監督署長に対して労働者死傷病報告を提出する必要があります。この場合、派遣労働者に関する安全衛生管理について、派遣元・派遣先の両事業者が責任を負うことから、労働者死傷病報告については、派遣元・派遣先の両事業者が、それぞれ作成・提出しなければなりません。

　注意すべきなのは、作成した労働者死傷病報告を提出する際は、派遣元事業者・派遣先事業者のそれぞれを所管する労働基準監督署長に提出する必要があり、まとめて同じ労働基準監督署長に提出することができない点です。もっとも、派遣元事業者は、自身の指揮監督下で派遣労働者の労働災害などが発生していないため、派遣労働者が遭った労働災害などの詳細について、派遣先事業者から情報提供を受けなければなりません。具体的には、派遣先事業者は、作成した労働者死傷病報告の写しを派遣元事業者に送付する必要があります。

　その他、派遣労働者について労災保険に加入する義務を負うのは、派遣労働者の雇用主である派遣元事業者です。通常、労働災害が発生するのは、派遣先事業者の指揮監督下ですが、派遣先事業者は加入義務を負わないことに注意が必要です。

11 寄宿舎をめぐる問題点

寄宿舎とは

　寄宿舎とは、事業を運営する上で必要性が認められるため、事業者が相当人数の労働者を宿泊させる施設をいいます。労働基準法をはじめとする各種法令では「事業附属寄宿舎」と規定されています。事業附属寄宿舎の他にも、とくに建設業の労働者が居住する寄宿舎である「建設業附属寄宿舎」があります。なお、福利厚生施設として設置された独身寮や社宅などは、ここでの寄宿舎には該当しません。

事業附属寄宿舎について

　事業附属寄宿舎は、作業完了時期の定めがなく、事業者が事業運営の上で、労働者を宿泊させる必要性があるために設置する寄宿舎全般をいいます。事業附属寄宿舎は、労働者を寄宿する期間に応じ、第1種事業附属寄宿舎と第2種事業附属寄宿舎に分類されます。

① 　第1種事業附属寄宿舎

　第1種事業附属寄宿舎とは、労働者を6か月以上寄宿させる目的で設置されている寄宿舎をいいます。労働者が比較的長期間にわたって寄宿することから、生活、構造・設備、衛生面などについて、事業者が遵守すべき事項が定められています。

　事業者は、寄宿する労働者の生活全般に対し、容易に関与する余地があります。そのため、労働基準法では、事業附属寄宿舎における労働者の私生活上の自由の尊重を目的とし、事業者が私生活を干渉することがないよう、次の禁止事項を定めています。

・労働者が外出・外泊などを行う際に、事業者の承認をとらなければならないと定めておくことの禁止

● 事業附属寄宿舎の衛生に関するおもな事項

	衛生に関するおもな事項
寝室・寝具について	・労働者各人専用の寝具を備え、常に清潔に保つ ・就眠時間が異なる労働者を同一の寝室に寄宿させてはならない
食堂について	・常時30人以上の労働者を寄宿させる寄宿舎は食堂を設けなければならない ・食堂の照明・食器・食卓などについては、常に清潔に保つ
浴場・便所について	・近隣に利用できる浴場がない場合には、適切な男女別の浴場設備を整える ・便所は男女別とし、寝室・食堂などと適切な距離を持ち、常に清潔に保つ
水道について	飲料用水や炊事用水については、地方公共団体の水道または水質検査に合格した水を用いる

・労働者に対して、寄宿舎で催す教育・娯楽などの行事に対して、参加を強制することの禁止
・労働者が他者と面会する自由を制限することの禁止

　また、労働者の安全を確保するために、事業附属寄宿舎の構造や設置場所に関して、次の基準が定められています。

・爆発性・引火性・可燃性の物を取り扱う場所などの付近、騒音・振動の著しい場所、土砂崩壊・出水などの危険がある場所、伝染病患者の収容施設の付近などを避けた場所に設置する。
・完全に区画を分け、出入口を別にする場合を除き、男女の労働者を同一の建物に寄宿させない。
・耐火建築物の場合を除き、寝室を3階以上または地下に設置しない。
・2階以上の寄宿舎に常時15人以上の労働者が宿泊する場合には、避難用の階段を2つ以上設置しなければならない。
・非常事態が発生した場合に備えて、労働者に異常を知らせるベルおよび消火設備を設けなければならない。

- 原則として、廊下は各部屋の片側にのみ設置し（片廊下）、1.2m以上の幅を設けなければならない。
- 労働者に割り当てられる居住面積は、1人について2.5㎡以上とし、一室の人員は16人以下としなければならない。
- 天井は2.1m以上の高さがなければならない。
- 照明、採光、換気、冷暖房が十分な設備を保障する。

この他、第1種事業附属寄宿舎については、労働者の健康管理に必要な衛生に関する取り決めも存在します（⇨前ページ図参照）。

② 第2種事業附属寄宿舎

第2種事業附属寄宿舎とは、労働者を6か月未満の期間について寄宿させる目的で設置されている寄宿舎をいいます。第1種事業附属寄宿舎に比べ、労働者が寄宿する期間が短期間であることが想定されるため、事業者が遵守すべき事項も少なくなっています。具体的な事項は次のとおりです。

- 宿舎を設置する場所は、騒音・振動の著しい場所、土砂崩壊、出水などの危険がある場所を避けなければならない。
- 労働者が寝室に用いる場所の居住面積は、1人あたり2.5㎡以上とし、一室の人員は50人以下としなければならない。
- 出入口は2か所以上設けなければならない。
- 近隣に浴場がない場合には、入浴設備を設けなければならない。
- 清浄な飲料水を確保できる設備を備えなければならない。

建設業附属寄宿舎について

建設業附属寄宿舎とは、寄宿舎のうち、建設工事の期間中のみ労働者が寄宿する目的で設置されている寄宿舎をいいます。建設工事の期間中という限定はあるものの、比較的長期間にわたり労働者が宿泊する場合もあります。そのため、事業者は、建設業附属寄宿舎の禁止事項や設置場所などの基準については、基本的に第1種事業附属寄宿舎

に関して定められた内容に従う必要があります。ただし、労働者に割り当てられる居住面積は1人について3.2㎡以上とし、一室の人員は6人以下としなければならないなど、多少の相違点もあります。

なお、建設業附属寄宿舎の場合は、事業者が寄宿舎管理者を選任します。寄宿舎管理者は、1か月以内ごとに1回、寄宿舎を巡回しなければならず、寄宿舎に不具合が見つかった場合は、事業者に連絡した上で、必要な改修などを行わなければなりません。

どんな手続きが必要なのか

事業者は、常時10人以上の労働者を就業させる事業や、一定の危険性・有害性がある事業について、寄宿舎を設置・移転・変更する場合には、所轄労働基準監督署長に対して届出を行う必要があります。とくに、事業附属寄宿舎を設置するために行う届出については、周囲や近隣との関係性を示す図面や、寄宿舎の建築物についての各階の平面図・断面図を添付しなければなりません。

寄宿舎で事故が発生した場合

寄宿舎は、事業運営のために労働者を寄宿させる施設ですので、入居する労働者の安全衛生や寄宿舎の規律維持について、事業者が責任を負います。寄宿舎で発生する火災をはじめ、労働者の生命・身体に危険が及ぶ可能性がある事故などの発生の防止についても、事業者が取り組まなければなりません。

労働者は、事業者から寄宿舎への宿泊を義務づけられるケースも少なくありません。業務遂行に付随するという寄宿舎の性質上、寄宿舎において発生した火災や事故が、寄宿舎の構造や設備、管理状況に起因するものであれば、労災保険が適用されるものと考えられます。

12 安全衛生に関する書式

安全衛生管理規程とは

　各事業所に適した体制を構築する上で、有効な手段のひとつが**安全衛生管理規程**を設けることです。

　安全衛生管理規程では、まず、事業所における安全管理体制を構築します。事業所の規模や業種に応じて、設置が義務づけられている安全管理者、衛生管理者、産業医などを規定します。その際に、職務内容を項目ごとに規定するなど、各々の担当者に必要な業務をまとめておきます。このようにすることで、各担当者は漏れなく労働安全衛生に関する業務を行うことができ、労働災害リスクを低減させることにつながります。場合によっては、安全委員会・衛生委員会（または両者を統合した安全衛生委員会）を設置し、労働者の意見を聴く体制を構築することも必要になります。

　安全衛生教育や安全衛生点検では、必要な安全衛生教育の内容や機械などの点検内容、作業の安全項目、それらの実施を行う部署などについても規定します。健康診断やストレスチェックも重要な事項ですので、産業医の意見なども参考にして規定を設けます。

　安全衛生管理規程を作成することで、労働者の安全衛生に対する意識が高まり、労働災害発生の防止だけでなく、発生した場合に迅速な対応を図ることができます。また、安全配慮に対する意識が高い企業であることを社外へアピールすることで、社会的にも信頼の置ける企業だと認識されます。

　安全衛生に関する事項は、就業規則の相対的必要記載事項となっています。相対的必要記載事項とは、安全衛生管理規程を作成する場合には就業規則に安全衛生についての記載義務が生じるということです。

● 安全衛生に関する書式

目的	必要な書式
会社独自の労働安全衛生体制の構築	安全衛生管理規程
労働災害が発生した場合の報告	労働者死傷病報告書 事故報告書
常時 50 人以上の労働者を使用する事業所が、定期健康診断を行った場合の報告	定期健康診断結果報告書
常時 50 人以上の労働者を使用する事業所が、ストレスチェックを行った場合の報告	心理的な負担の程度を把握するための検査結果等報告書
前年度に行った安全衛生教育の実施状況の報告	安全衛生教育実施結果報告書
特定の担当者を選任した場合の報告	総括安全衛生管理者・安全管理者・衛生管理者・産業医選任報告
特定の建設物や機械等の設置・移転・変更の報告	建設物・機械等設置・移転・変更届
特定機械等設置の報告	ボイラー設置報告書 クレーン設置報告書　など
特定の化学物質に関する報告	特別管理物質等関係記録等報告書

従業員が業務中に負傷した場合に提出する書類

　労働災害が発生して労働者が負傷や疾病を患った場合は、療養補償給付や休業補償給付の申請を行います。申請は労働者本人が行うのが原則ですが、会社が代行して申請する場合が多いようです。

　会社は、労働災害などが発生した場合は、労災保険の申請以外にも下記のような書類を提出する義務があります。

① **労働者死傷病報告書**

　労働者死傷病報告書は、労働災害などで労働者が死亡し、または休業した場合に、所轄労働基準監督署長に提出しなければならない書類です。なお、4日未満の休業の場合は、四半期（1～3月、4～6月、

7～9月、10月～12月）ごとにまとめて提出できます。
② 事故報告書
　主として次の事故が事業所内で発生した場合は、被災労働者の有無や労働災害かどうかにかかわらず、所轄労働基準監督署長へ事故報告書を提出しなければなりません。
・火災または爆発の事故
・遠心機械などの高速回転体の破裂の事故
・機械集材装置などの鎖または策の切断の事故
・建設物、付属建設物の倒壊の事故
　以上の①②の報告書は、発生の状況や原因を具体的に書くことが求められます。これらの報告書は、労働災害の原因分析や再発防止対策の他にも、労働災害統計の作成などに活用されます。
　また、報告書はすみやかに提出することが必要です。労働災害などの事故が起きた場合は、やるべきことが多く、報告書の提出を忘れてしまいがちです。労働者の安全確保を行うとともに、災害状況の把握を行い、すみやかに漏れなく報告することが必要となります。

事業場の規模や業種に応じて求められる書式

　上記の報告書以外にも、事業所の規模や業種によって提出が義務づけられている報告書があります。
③ 定期健康診断結果報告書
　常時50人以上の労働者を使用する事業所が定期健康診断を行ったときは、すみやかに「定期健康診断結果報告書」を所轄労働基準監督署長に提出します。産業医の記名押印なども必要ですから、産業医へ健康診断の結果を見せるようにしましょう。雇入れ時健康診断は報告義務がありませんが、深夜業などの特定業務従事者への健康診断は報告義務がありますので、報告書を提出します。
④ 心理的な負担の程度を把握するための検査結果等報告書

常時50人以上の労働者を使用する事業所が、ストレスチェックを行ったときは、すみやかに報告書を提出します。

⑤ **安全衛生教育実施結果報告書**

労働災害発生率などを考慮して指定された事業場が、前年度に行った安全衛生教育の実施状況を「安全衛生教育実施結果報告書」により行います。安全衛生教育には、雇入れ時教育、作業内容変更時教育、特別教育、職長教育の4つがあり、それぞれの種類ごとに提出します。

⑥ **総括安全衛生管理者・安全管理者・衛生管理者・産業医選任報告**

一定の規模や業種に応じて、総括安全衛生管理者、安全管理者、衛生管理者、産業医を選任する必要があります。選任すべき事由が発生した日から14日以内に選任し、該当の報告書をすみやかに所轄労働基準監督署長へ提出する必要があります。

⑦ **建設工事関係の届出書など**

特定の規模または業種の事業場で、建設物や機械等の設置、移転、変更をしようとする場合、「建設物・機械等設置・移転・変更届」を工事開始日の30日前までに提出します。この届は設置や移転の計画を記入するもので、事前に労働基準監督署が審査を行い、危険有害な建設物、機械等、工法の採用を防ぐために提出します。

⑧ **ボイラー・クレーン・ゴンドラ等特定機械関係の報告書**

たとえば、移動式ボイラーを設置しようとする場合は「ボイラー設置報告書」を、移動式クレーンを設置しようとする場合は「クレーン設置報告書」を、設置する前に提出します。提出の際にはボイラーやクレーンの明細書や検査証を添付します。

⑨ **化学物質関係の報告書**

特定の化学物質を取り扱う業務に労働者を従事させる事業者が、事業を廃止しようとする場合は、「特別管理物質等関係記録等報告書」を提出します。提出の際には、化学物質の測定の記録や作業の記録、特定化学物質健康診断個人票を添付する必要があります。

事業リスク解消！
労働安全衛生法のしくみ

2019年5月10日　第1刷発行

編　者　デイリー法学選書編修委員会
発行者　株式会社　三省堂　代表者　北口克彦
印刷者　三省堂印刷株式会社
発行所　株式会社　三省堂
　　　　〒101-8371　東京都千代田区神田三崎町二丁目22番14号
　　　　電話　編集（03）3230-9411　　営業（03）3230-9412
　　　　https://www.sanseido.co.jp/

〈DHS労働安全衛生法・192pp.〉

©Sanseido Co., Ltd. 2019　　　　　　　　　　　　Printed in Japan
落丁本・乱丁本はお取り替えいたします。

　　本書を無断で複写複製することは、著作権法上の例外を除き、禁じられています。
　　また、本書を請負業者等の第三者に依頼してスキャン等によってデジタル化する
　　ことは、たとえ個人や家庭内での利用であっても一切認められておりません。

ISBN978-4-385-32008-3